MEMORIAS DE HANK BRODT

UNA VELA Y UNA PROMESA

DEBORAH DONNELLY

ISBN 9789493322431 (libro electrónico)

ISBN 9789493322448 (tapa blanda)

Editorial: Amsterdam Publishers

Traducción: Neus Palou Ferrer

Derechos de autor © Deborah Donnelly, 2023

Fotografía de la portada: Victoria Eichenlaub

Memorias de Hank Brodt forma parte de la serie: Supervivientes del Holocausto

info@amsterdampublishers.com

Créditos de las fotografías. Cuanto a las fotografías del Museo Conmemorativo del Holocausto de Estados Unidos que se han usado, se aplica lo siguiente: Los puntos de vista y opiniones expresados en este libro, y el contexto en el que se usan las imágenes, no reflejan necesariamente las opiniones o políticas, ni significan aprobación o respaldo del Museo Conmemorativo del Holocausto de Estados Unidos.

Todos los derechos reservados. No se permite la reproducción total ni parcial de esta publicación por ningún medio, electrónico o mecánico, incluyendo fotocopias, grabaciones, ni ningún sistema de almacenamiento y recuperación de información, sin consentimiento escrito de la editorial.

ÍNDICE

Prólogo	1
Prefacio	3
Testigo y Superviviente	7
Familia e Infancia	11
La difícil Decisión de una Madre	16
Orfanato	19
Vuelta a Casa, 1939	24
Mi Crimen	28
Retorno de los Nazis	30
La Vida Empeora	36
Intuición de Madre	48
Plaszow	50
El Número 12891	55
Un Día en Plaszow	60
Niños en Plaszow	62
Wieliczka	65
El Frente se Acerca	68
Viaje a Mauthausen	70
Arbeit Macht Frei. Mauthausen	73
Trabajo en Mauthausen	76
Melk	80
Trabajo Bajo Tierra	85
El Horror continúa	88
La Humanidad dentro de la Valla	91
Conversación con un Oficial Alemán	93
Marcha Mortal	95
Ebensee	97
El Principio del Fin. La Torre de Babel	101
La Vida Sigue	106
Trabajo Alojamiento	110
Estados Unidos	114
Saludos del tío Sam	117
Nuestra Vida en Pocas Palabras	120

La Búsqueda de Familia	125
La Marcha de los Vivos	131
Posdata: Cartas Personales y Reflexiones de Seres Queridos	134
Agradecimientos	149
Epílogo	153
Fotografías	161
Solocitud Cordial	171
Más de Amsterdam Publishers	173

«Pero ¿hay esperanza? ¿Hay esperanza en el recuerdo? Debe de haberla. Sin esperanza, el recuerdo sería mórbido y estéril. Sin el recuerdo, la esperanza carecería de significado y, por encima de todo, carecería de gratitud».

Elie Wiesel, 2002

PRÓLOGO

Repitiendo una pregunta que se hace en todos los hogares judíos en cada Séder de Pésaj: «¿Por qué estas memorias son diferentes de cualquier otras sobre el Holocausto?». La respuesta es compleja y simple al mismo tiempo.

Estas memorias no tratan sobre ser una víctima, aunque aparecen muchas víctimas en el relato. No tratan sobre las atrocidades de los nazis y la pérdida de millones de almas, sino que van de las lecciones aprendidas para las futuras generaciones. No tratan sobre supervivencia, pero tienen todo que ver con sobrevivir. No tratan sobre una vida que se ha perdido, sino sobre una vida recuperada, una vida reconvertida y una vida reinventada. No tratan sobre el pasado, sino sobre el futuro. No tratan sobre la muerte, sino sobre la vida. No tratan sobre el ayer, sino sobre el mañana.

Ha habido demasiados holocaustos a lo largo de la retorcida historia de la humanidad. Los que han sobrevivido a los horrores de un holocausto cargan para siempre con las cicatrices físicas y psicológicas de los amigos y familiares subyugados a horrores atroces por el único motivo de «eran quienes eran». El dolor y los recuerdos de estas experiencias no desaparecen jamás.

Pero entre todos los horrores y los crímenes horribles, la voluntad de sobrevivir trasciende en una misión de aprender, enseñar y cambiar el futuro. Las lecciones aprendidas evolucionan en declaraciones de asertividad, en afirmaciones contra el acoso y, sobre todo, en una fe profunda de que la bondad innata de la humanidad triunfará sobre el mal en cualquiera de sus formas.

Estas memorias del Holocausto van sobre renacer, sobre usar el pasado, sin importar cuan horrible y doloroso sea, como trampolín para mejorar la humanidad; van sobre romper el silencio.

Dr. Howard B. Schechter, antiguo director, escuela John A. Forrest, Fair Lawn, Nueva Jersey; director, escuela primaria 158, Nueva York, Nueva York; estudioso de la literatura e historiador.

PREFACIO

Mi padre, Hank Brodt (nacido en 1925 como Henek Brodt en Boryslav, Polonia), no derrotó a sus captores al sobrevivir. Los derrotó porque vivió. Esta no es la historia de la supervivencia de un hombre, sino la de su vida.

A lo largo de los años, mi padre guardó silencio y sufrió calladamente con los recuerdos de lo que había presenciado y experimentado, junto con una sensación de impotencia abrumadora. Como superviviente del Holocausto, lo que había visto y vivido era casi inimaginable, incluyendo la deshumanización, la desmoralización y las muertes de su familia y amigos judíos, que ocurrieron mientras el mundo entero parecía haberles dado la espalda. Durante años, mi padre sepultó su historia en su interior. En raras ocasiones, y solo con unos pocos en quien confiaba, compartía información, pequeños fragmentos de su propia historia.

Entonces, un día, mi padre empezó a compartir. El tapiz que durante tantos años había escondido tan bien empezó a desplegarse por fin. Le temblaba la voz mientras empezaba a explicar los horrores que fueron parte de su vida. Con incertidumbre, pero con determinación, rompió su silencio y compartió sus experiencias. Ahora, su voz es la mía, y cuenta una historia de una vida bien vivida a pesar de las experiencias traumáticas de su juventud.

En estas memorias, relata su biografía. En numerosas ocasiones me dijo que yo era demasiado joven para entenderlo; ahora, como adulta y como médica clínica de salud mental, especializada en estrés postraumático, aún no puedo entenderlo. Con la ayuda de su nuevo rabino, mi padre llegó a la conclusión de que se hacía mayor, de que el tiempo no se había parado. Después de insistirle, finalmente rompió su silencio y estuvo dispuesto a compartir los horrores de los que era incapaz de deshacerse. Hay personas que niegan que el Holocausto sucediese jamás. Él quería que documentase por escrito el prejuicio con el que se encontró y el odio que llegó a ser mortal.

Jamás olvidaré la llamada cuando mi padre me dijo: «He decidido dejar que escribas mi libro». Hice planes para visitarlo en Carolina del Norte para recolectar información. A lo largo de numerosas visitas y conversaciones por teléfono, le pregunté cosas que jamás me había atrevido a preguntarle antes. Él prefería que no lo grabase y que sencillamente nos sentásemos a hablar, así que, con papel y boli en mano, hablamos.

Armada con sensibilidad y mis habilidades como profesional de salud mental especializada en trauma con una carrera de 34 años, monitoricé de cerca el ritmo de nuestras conversaciones mientras observaba el lenguaje corporal de mi padre y su tono de voz. Era consciente de que no quería que este proyecto resultase en un estrés excesivo para él. Frecuentemente parábamos para volver a centrarnos en el aquí y ahora. Anteriormente, mi padre me había dado su cinta del proyecto Shoá, además de grabaciones de audio de entrevistas anteriores. Todo esto no pudo prepararme para lo que estaba a punto de escuchar, porque estaban suavizadas, apenas tocaban la superficie, comparadas con la historia real. Aun así, me sirvieron cuanto a las fechas y los lugares.

Para nosotros, la familia y los amigos cercanos, mi padre es mucho más que un superviviente del Holocausto. Mi deseo es que veáis que, a pesar de las experiencias de su juventud y de las atrocidades que sufrió bajo el régimen nazi, mi padre hizo más que vivir: acogió la vida y fue capaz de sonreír, reír y bailar.

Hank Brodt en su 90 cumpleaños, rodeado por su familia (diciembre de 2015)

TESTIGO Y SUPERVIVIENTE

«En *Hamlet*, el abatido joven protagonista de Shakespeare reflexiona sobre la pregunta definitiva: "Ser o no ser". Pero hay otras preguntas importantes que tenemos que hacernos. Por ejemplo, a la que me enfrento yo cada día: ¿recordar u olvidar? Cuando no era más que un niño pequeño, no era libre de ir a la escuela, jugar con amigos o practicar mi fe. En su lugar, era un prisionero que dedicaba entre 16 y 18 horas al día a trabajo agotador».

Con estas palabras empecé la primera vez que me dirigí a un grupo para hablar sobre mis experiencias durante el Holocausto. Esto debió de ser en 1973. Estaba nervioso, al hablar con este grupo de juventud judía. Mi hija pequeña, Deborah, formaba parte de la Juventud Unida de la Sinagoga, y nunca había ido un superviviente para compartir el infierno que había sido su vida anterior. Siempre había ido con mucho cuidado de proteger a mis hijas de esa parte de mí. Quería que creciesen creyendo que el mundo era seguro y que pensasen en el futuro de forma positiva. Quería que creciesen inocentes, sin saber que un ser humano puede ser tan cruel con otro. También quería protegerme a mí mismo del pasado, que era (y, de hecho, lo sigue siendo) más doloroso de lo que puedo expresar.

Un día, mi hija pequeña (no podía tener más de seis años) me preguntó por qué no tenía dos abuelas. ¿Qué le explicas a un niño pequeño?

Me he comprometido para que mis experiencias no sean enterradas conmigo cuando llegue mi final. La naturaleza de la carga ha cambiado: ya no son mis hijas ni mi cordura lo que debo proteger tanto como la verdad de lo que sucedió, la realidad del sufrimiento que tantos aguantaron, el crimen atroz contra la humanidad que fue el Holocausto.

En 2007, durante los servicios de Conmemoración del Holocausto en Birkenau, el lugar de uno de los campos de concentración, el rabino Fred Guttman consiguió que yo encendiese una de las seis velas que conmemoraban a los que habían muerto. Mientras lo hacía, dije una plegaria silenciosa para las víctimas que no podían hablar por sí mismas. Esta extensa lista incluía a mi madre, mis hermanas y sus hijos, todas víctimas de Hitler y su llamada solución final. Les prometí, así como a mi hermano, quien creía que había muerto luchando contra los nazis, que siempre respondería cuando me llamasen para hablar.

Ahora, he celebrado mi 90 cumpleaños, y me veo obligado a admitir que me hago viejo y que muchos de mis amigos que también eran supervivientes han muerto. Me siento obligado a hablar por aquellos que no tuvieron la oportunidad de hacerlo por sí mismos. Los silenciaron de forma sádica por el crimen de su fe o por no pertenecer a lo que llamaban «la raza superior». Así que, en esencia, he encontrado la respuesta a la pregunta que me ha perseguido durante décadas: ¿recordar u olvidar? Debo recordar para que, al compartir mi historia, sepa que hago todo lo que puedo para asegurarme que nadie olvide.

Dedico *Una vela y una promesa* a los seis millones de judíos que fueron asesinados, así como a los otros incontables millones que perecieron bajo el régimen de Hitler. También incluyo a todos los supervivientes que guardaron sus recuerdos bajo llave por su propia supervivencia y han sido incapaces de contar sus historias. Sé que, para la mayoría de nosotros, los años de posguerra fueron difíciles y dolorosos, en el mejor de los casos.

Humildemente, hablo por todos vosotros, para que el mundo no olvide jamás. También dedico este libro a todos aquellos en el ejército que se pusieron en riesgo para evitar que los nazis asesinaran a los que no creían merecedores de vivir y prevenir que Hitler llegase a los Estados Unidos.

A nivel personal, dedico mis memorias a mis hijas, Evy y Deb, ya que esto es una parte importante de nuestra historia familiar. Le agradezco al rabino Guttman que me ayudase a encontrar mi voz.

A pesar de todo lo ocurrido, nunca perdí mi fe o dejé de creer en Dios. Mi relación con Él es personal. No sé si puedo perdonar a los nazis por lo que hicieron, pero lo que es seguro es que jamás lo voy a olvidar.

Cuanto a esas preguntas imposibles, para algunas sencillamente no hay respuesta. Ahora han pasado más de siete décadas y a la gente aún le cuesta comprender lo que sucedió, la escala entera de los horrores del Holocausto, el mal inimaginable, las historias y las imágenes que con el tiempo emergieron y dejaron al mundo atónito. Quizás no es sorprendente, por lo tanto, que todavía haya quienes niegan que el Holocausto sucediese. Incluso enfrentados con pruebas indiscutibles, la magnitud es demasiado grande para procesarla. Pero sucedió, fue real, y en las páginas que siguen, haré lo que no pude hacer durante muchos años, que es contar mi historia. La había enterrado en las profundidades de mi memoria, encerrada para proteger a los que quiero.

Cuando miro a mi alrededor y veo que no hemos aprendido las lecciones del genocidio y el odio, entiendo que el mundo necesita todos los recordatorios del pasado que podamos generar. Es por esta razón, más que cualquier otra, que rompo mi silencio de tristeza y horror. Siento que es importante enseñar a los niños que no pasa nada por ser diferente, por tener una religión y una raza distintas. Todos somos seres humanos.

Así que, Dios me ayude, lo que voy a decir es toda la verdad y solo la verdad. Hice una promesa silenciosa mientras la llama de la vela conmemorativa se reavivaba hacia los cielos y solidificaba mi juramento de hablar por vosotros.

Presentación en ForsythTech en Winston-Salem, Carolina del Norte (diciembre de 2015)

FAMILIA E INFANCIA

Cuando cierro los ojos, no tengo que esforzarme mucho para ver los hermosos ojos verdes de mi madre en su cara delgada. Aún puedo oírla diciéndome que salga a jugar con mis amigos. Ya a los seis años, cuando todavía faltaban seis meses para mi séptimo cumpleaños, ayudaba a mi madre con las tareas de nuestra casa de dos habitaciones en Boryslav, la ciudad de Polonia donde nací.[1] Era el tipo de casa pequeña que uno podría esperar de una familia muy pobre, pero mi madre se preocupaba meticulosamente de mantenerla limpia.

Había unas cuantas fotos repartidas por la casa, fotografías de mi padre, mi hermano, mi hermana, y yo. Yo era el pequeño de tres hijos. Mi hermano, Simcha, era siete años mayor que yo, y mi hermosa y dulce hermana Faiga me sacaba once años. Mi madre era viuda.

No recuerdo a mi padre, pues murió cuando yo tenía solo ocho meses. Tenía otras tres hijas de su primer matrimonio: Frieda, Yetta y Doris. Desafortunadamente, solo conocí a dos de mis mediohermanas. Durante varios años, pensé que eran mis tías. No fue hasta que fui algo mayor que Simcha me explicó su relación conmigo.

Simcha era conocido como el estudioso. Terminó la escuela pública y se fue a la universidad con alguna clase de beca. Como era un estudiante excelente sin medios económicos, el Grupo Cultural Judío de Boryslav y Drohóbych pagó sus estudios.[2] Después de graduarse, Simcha consiguió trabajo en el departamento de alcohol del gobierno polaco.

Faiga era, sencillamente, una belleza natural. Después de acabar la educación pública, estudió para convertirse en esteticista. Era aprendiz en una suerte de salón de belleza. Mientras aprendía el oficio, tenía que pagar alojamiento y comidas en la casa del propietario del salón. Fue una época difícil para ella. No solo trabajaba en el salón, también tenía improvisar para pagar esta formación y los gastos básicos.

Mi madre hacía todo lo posible para apoyar a nuestra familia. Una vez Faiga hubo dejado el hogar para seguir sus sueños de convertirse en esteticista, viviendo a varios quilómetros, nuestros ingresos, ya escasos, menguaron. Simcha también vivía fuera del hogar familiar. La situación financiera de la familia, que siempre había sido escasa en el mejor de los casos, se hacía más y más apurada.

Mi madre era cariñosa y muy trabajadora. En esa época, no era fácil para una viuda ganar un sueldo. No recibimos pagos del seguro de vida cuando mi padre murió trágicamente en un accidente mientras trabajaba, dejando a nuestra familia devastada emocional y financieramente.

En un intento de poner comida sobre la mesa, mi madre hacía todo lo que podía. Hacía varios trabajos ocasionales, cualquier cosa que encontrase que pagase algo, por lo menos: cocinaba la cena de *sabbat* para familias adineradas, preparaba pasteles para familias no judías durante sus fiestas, planchaba y cuidaba a los enfermos extrayéndoles la sangre con sanguijuelas mecánicas.[3]

A pesar de sus conocimientos médicos, mi madre no era una mujer sana. Cojeaba, siempre parecía cansada y su visión era pobre. Se sometió a una cirugía para los ojos, y aunque se consideró que había sido exitosa, le hizo más daño a su ya reducida vista. Su salud era una fuente de dificultades constante, una batalla que luchaba con valor, aunque con cada año que pasaba parecía que perdía más terreno.

A pesar de nuestras dificultades económicas, vivíamos en un hogar *kósher* conservador. Íbamos a la sinagoga cada *sabbat*, celebrábamos las fiestas atendiendo a los servicios. Aunque no podíamos permitirnos manjares elaborados como parte de nuestras tradiciones festivas, siempre salían olores maravillosos de la cocina, mi madre era muy creativa. El sábado era un día de descanso. No hacíamos ningún tipo de trabajo en *sabbat*, no escribíamos ni cogíamos ningún transporte. Nos manteníamos firmes a la práctica de nuestra fe.

Ser *kósher* no es fácil. Hoy, no es raro que una familia observante tenga por lo menos cuatro juegos de platos: uno para los lácteos, otro para la carne, y dos más para el Pésaj. Algunas casas *kósher* tienen incluso dos fregaderos. Nosotros no teníamos el lujo de tal variedad de platos. Nos sentíamos afortunados y satisfechos de tener un juego. Usábamos los mismos platos para los lácteos, la carne y el Pésaj.

Estábamos orgullosos de nuestra religión y nuestras tradiciones, nos orgullecía formar parte de una fuerte comunidad judía. El centro cultural de Boryslav y Drohóbych fue una parte integral de mi vida familiar. El antisemitismo existía y ciertamente podíamos percibirlo con mucha claridad, pero nada nos podía preparar para el odio y los crímenes contra la humanidad que llegarían pronto.

Cuando vivía en Boryslav, su población y las ciudades de alrededor consistían en gente polaca y ucraniana. Ninguno de ellos fue nunca amable hacia nosotros, los judíos.

---

1. Según la *Encyclopedia Judaica Virtual Jewish History* (enciclopedia judaica virtual de historia judía), Boryslav, ahora parte de Ucrania, es una ciudad con una historia rica. Al final del siglo 19, se conocía como «la California de Galitzia». Durante los felices años veinte, Boryslav producía el 75% del petróleo que se usaba en Polonia. Gran parte de la industria del petróleo se construyó alrededor del trabajo duro de la gente judía.

    En la ciudad vecina, Drohóbych, estaban las refinerías de petróleo. Hasta 3000 judíos de Boryslav y comunidades cercanas se ganaban el pan con varios trabajos en la industria del petróleo. Cuando esta industria se fue modernizando, empresas más grandes con acceso a más dinero echaron la mano de obra judía, aunque algunos de los pozos aún eran propiedad de gente judía. Como resultado, los judíos tenían la sensación de pertenecer a esta parte de Galitzia. Se ganaban la vida y tenían lugares de culto. Además, las comunidades judías de Boryslav y Drohóbych se unieron y establecieron un centro cultural y religioso.

    Su estatus socioeconómico variaba de familia a familia. Aunque la población judía fluctuaba durante el *boom* del petróleo, en 1939 había más de 13 000 personas judías que vivían en Boryslav. Algunos estudios (*Jewish Virtual*) indican que la población judía justo antes de la Segunda Guerra Mundial era de unas 15 000 personas. Según la Organización de Drohóbych, Boryslav y alrededores, en la región quedaban aproximadamente 200 supervivientes judíos después de la guerra. Se eliminaron familias enteras, y esto fue solo un fragmento de la atrocidad que se llevó a cabo por toda Europa mientras los nazis asesinaban sistemáticamente a seis millones de judíos. El Holocausto se verá siempre como uno de los capítulos más oscuros de la historia de la humanidad. Una de mis preguntas más frecuentes se refiere a la magnitud y las implicaciones de los millones asesinados por Hitler y su régimen: ¿y si una de las víctimas hubiese descubierto la cura del cáncer, del lupus, de la diabetes o de otras enfermedades? Esta es solo una de las infinitas preguntas exasperantes a las que nunca recibiremos respuesta.
2. Fuentes consultadas para esta publicación:
    Jewish Virtual Library, www.jewishvirtuallibrary.org, un proyecto de la *American-Israeli Cooperative Enterprise* (proyecto cooperativo de Estados Unidos e Israel), consultada el 8 de febrero de 2016
    Yad Vashem. Centro Mundial de Conmemoración de la Shoá, www.yadvashem.org, consultado el 28 de marzo 2016
    Jewish GenFamily Finder en el distrito administrativo de Boryslav-Drohobych www.JewishGen.org, consultado entre febrero de 2015 y julio de 2016

Organización de Drohóbych, Boryslav y alrededores para supervivientes y su descendencia, www.drohobycz-boryslaw.org, consultada el 16 de julio de 2016

Museo Conmemorativo del Holocausto de Estados Unidos, www.ushmm.org

Brief History of the Jews of Drohobycz and Boryslaw (Breve historia de los judíos de Drohóbych y Boryslav) recopilada por William Fern para la reunión de Drohóbych-Boryslav del 3 al 5 de mayo de 1985 en el Pines Hotel de South Fallsburg, Proyecto de investigación del Holocausto de Nueva York; Equipo de educación e investigación de archivo del Holocausto; Plaszow, campos de concentración de Mauthausen holocaustresearchproject.org

Proyecto de la Shoá de Steven Spielberg, DVD de la entrevista de Hank Brodt, propiedad del autor

Fundación Shoá https://sfi.usc.edu/

Documental galardonado sobre la Segunda Guerra Mundial de Frank Capra, distribuido por Madacy Entertainment Group, 1997

3. Esta era una habilidad única. La práctica puede sonar grotesca a los lectores modernos que tienen la suerte de vivir en la era de la medicina moderna, donde los antibióticos están disponibles para curar una variedad de enfermedades. En ese entonces, se colocaban sanguijuelas en el cuerpo para que se alimentasen de sangre. Junto con la sangre, salían las bacterias o los venenos que causaban la enfermedad. Las sanguijuelas mecánicas funcionaban de forma similar: no se usaban sanguijuelas vivas, en su lugar, la sanguijuela mecánica llevaba los venenos dañinos a la superficie de la piel y liberaba el cuerpo de los culpables de la enfermedad. Las sanguijuelas mecánicas aún se usan hoy en día en algunos lugares y en ciertas circunstancias.

LA DIFÍCIL DECISIÓN DE UNA MADRE

Incluso con seis años, me di cuenta del profundo cambio en mi madre después de que Faiga y Simcha se fuesen de casa. No comprendía el cambio de humor en nuestro hogar. Cuando intentaba dormir por la noche, oía a mi madre que se paseaba por la casa llorando. Hacía todo lo posible para complacerla, así que no entendía sus lágrimas. Además de ayudarla con las tareas sin que tuviese que pedírmelo, cumplía todas sus instrucciones. Así que ¿por qué lloraba? ¿Qué pasaba?

Un día, me dijo que saliese a jugar, y eso hice, sin motivo para esperarme nada fuera de lo habitual. Cuando abrí la puerta, me encontré con nuestro rabino y otro hombre bien vestido, que estaban fuera. Lo saludé educadamente y mi madre le dio la bienvenida a nuestro hogar.

Fuera, había mis mejores amigos, Joseph, Juhuda y Abe. Joseph vivía al lado. En esa época, mis amigos y yo teníamos ganas de empezar el colegio en Boryslav. Apenas podía esperar a aprender a leer, hacer matemáticas y aprender un oficio para poder ayudar a mi madre.

Mientras me acercaba a mis amigos, Joseph me pasó una pelota que era quizás el doble de grande que una de tenis. Jugamos a algo parecido al fútbol, pasándonos la pelota, riendo y simplemente divirtiéndonos. Entonces, me fijé en algo: Simcha y Faiga pasaron de largo, sin saludarme. En ese momento pensé que era raro, porque Simcha siempre se unía a la diversión, y Faiga se paraba y me daba un abrazo, siempre contenta de verme. Por algún extraño motivo, parecía que tenían prisa. Seguimos jugando a nuestra versión del fútbol hasta que oí a mi madre, que me llamaba. Su voz era débil y vacía, y al entrar en casa vi que había estado llorando. Nos sentamos todos a comer, pero Faiga estaba rara, nunca la había visto de esta forma. En sus hermosos ojos verdes faltaba la chispa habitual, era inquietante verla así.

Mi madre había preparado uno de mis platos favoritos. Era parecido a lo que llamamos fideos, pero mucho más espeso y asado. Un poco de mantequilla, que escaseaba en nuestro hogar, hacía que supiese incluso mejor. Había una tensión palpable que no podía entender entonces, aunque ahora la comprendo perfectamente. Lo que no sabía, no había podido saber ni entender, era que mi madre, nuestro rabino y el otro hombre, junto con mis hermanos, habían estado hablando sobre mí, sin mi presencia. Pero ¿de qué habían hablado exactamente?

Después de terminar de comer y recoger, mi madre me abrazó como si fuese la última vez. Supongo que, de alguna forma, realmente lo era. Me dijo que me iría a vivir a un hogar para niños judío. ¡Me mandaba a un orfanato! Iría a la escuela pública de Drohóbych mientras viviese allí. Muchas familias judías en las que había muerto un padre o en las que un niño había quedado huérfano usaban este «servicio social». Incluso algunas familias que simplemente eran demasiado pobres para cuidar de sus hijos los enviaban allí. ¿Qué otra opción tenían?

El orfanato se gestionaba bajo los auspicios del centro cultural judío. Incluso en las circunstancias más nefastas, la población judía intentaba cuidar de los suyos. Mi pobre madre no podía parar de llorar. Estaba inconsolable, pero sentía que simplemente no había alternativa. Me aseguró que me quería y que quería que estuviese bien cuidado. Necesitaba comida, vivienda y escolarización. Mi hermano y mi hermana vinieron a darme un abrazo cada uno, diciéndome lo mucho que me querían. Faiga me suplicó que no llorase, porque esto ya era tan insoportablemente doloroso para nuestra mamá. Imaginad a cualquier madre teniendo que tomar este tipo de decisión. El centro cultural judío era un servicio social, pero no creía en mantener a los niños en su unidad familiar. No tuve opción más que aceptarlo. Pronto dejaría mi casa, junto con todo y todos que conocía y quería.

ORFANATO

Me temo que no recuerdo mucho sobre esta época de mi vida. Que te alejen de tu familia es un trauma que puede distorsionar la memoria fácilmente. Cuando se tienen en cuenta mi edad temprana y los horrores que me faltaban por experimentar en el Holocausto, supongo que no resultará una sorpresa que muchos de los detalles de mi vida en el orfanato estén o bien borrosos o bien olvidados del todo.

Sí que recuerdo bastante vívidamente echar de menos mi hogar y a mi madre. Me sentía completamente abandonado. Las normas en el orfanato eran muy estrictas e incluso la más leve infracción daba pie a castigos físicos. Teníamos tareas diarias y debíamos mantener el dormitorio inmaculado. Dormía en una gran habitación con filas de camas, comíamos en un gran comedor. Dentro del orfanato había una sinagoga, que era una parte activa de la comunidad judía, la atendían miembros que también ayudaban a mantener el orfanato. Cada mañana íbamos al santuario a recitar nuestras plegarias diarias. El *sabbat* no era una excepción, la mayor parte del sábado la pasábamos en devoción a Dios.

Finalmente, se cumplió mi deseo y empecé a atender la escuela pública, la escuela Adam Mickiewicz en Drohóbych. Me encantaba aprender. Fue en esta escuela donde tuve mi primera experiencia de antisemitismo. Estos días, hay titulares frecuentes sobre el acoso escolar. Puedo asegurar que el acoso no es nada nuevo. Desde luego, era corriente en Drohóbych en los años 30. Yo era judío y vivía en una casa de atención residencial, un orfanato. Éramos los blancos principales para que se metiesen con nosotros los niños tanto judíos como no judíos. Contraatacar no parecía ser la respuesta. Ciertamente, no hacía nada para disuadir a los acosadores. No obstante, a veces no nos quedaba más opción.

Cerca de la escuela Adam Mickiewicz había una escuela ucraniana, al parecer para tener la educación típica además de adquirir conocimientos con relación a la cultura y la religión. Los pupilos de allí se mofaban y agredían físicamente a alguno de los niños del orfanato casi diariamente. Aunque nos peleábamos entre nosotros, nos manteníamos fieles para defender a los nuestros. Muchas veces había escenas que parecían las peleas de la película *West Side Story*. Proteger a nuestros hermanos y hermanas del abuso físico y emocional, desafortunadamente, resultaba en recibir castigos físicos de nuestros cuidadores al final del día. Siempre creí que en las familias protegemos a los nuestros. En esencia éramos una familia, unida por nuestras circunstancias únicas. Sobre el castigo físico, no había mucho que hacer, aparte de aprender a aceptarlo y aguantarlo. Yo siempre intentaba luchar contra el acoso.

Por suerte, hubo otras experiencias mejores que me ayudaron durante mi estancia tanto en el orfanato como en la escuela. Por ejemplo, mi amor por los perros viene de uno de mis maestros favoritos, el señor Dumin. Tenía un dóberman Pinscher que se llamaba Viera. Cuando lo ordenaba, Viera saltaba y le quitaba el sombrero al señor Dumin para colocarlo en el perchero del aula. Escuchaba a su amo, seguía todas sus órdenes, incluida «sit», y la podíamos acariciar tanto como quisiéramos. Viera era un perro inteligente y dulce.

Fue esta experiencia positiva con los perros que mostraría ser inestimable para superar a los guardas de las SS que ordenaban a sus perros que atacasen a prisioneros. Muchos en las SS tenían pastores alemanes y dóberman Pinscher a sus órdenes, entrenados para atacar. Estos perros enormes acometían a judíos y no judíos indefensos para matarlos. Lo presencié más veces de las que quiero recordar y lo vi con mis propios ojos jóvenes e incrédulos. Desde el gueto hasta los campos de concentración, esta parecía ser una forma de tortura favorita para los que no formaban parte de la raza superior. A través de mi experiencia con el señor Dumin, aprendí que los perros en sí no eran malvados. Los únicos a los que debíamos temer eran a aquellos que estaban entrenados para cometer esas acciones diabólicas.

Los días de visita en el orfanato estaban limitados a un sábado por mes. Mi madre no viajaba en sábado por el *sabbat* e ir hasta Drohóbych era caro, además, lo que, por culpa de nuestras pobres circunstancias, contribuía a la falta de visitas. A lo largo de todo mi tiempo en el orfanato, solo recuerdo una visita suya. Me había puesto enfermo con fiebre muy alta. Iba perdiendo la conciencia y me parecía oír los pasos de mi madre. Mi madre, con su cojera, tenía unos andares muy distintivos con un sonido único que resonaba en las habitaciones y los pasillos. No me acuerdo exactamente de qué pasó durante esta visita, pero sé que recuperé la salud, cosa que probablemente no fue coincidencia.

Otros niños recibían visitas regulares en las que recibían muchas golosinas deliciosas. Cuando se las daban, todos compartían con los demás. Tengo algunos recuerdos de jugar con los otros niños. Yo era atlético y me gustaban todos los juegos que usasen una pelota.

Junto con nuestras tareas en el orfanato, a veces nos asignaban labores en la sinagoga. Un día, nos pidieron a un amigo mío y a mí que la limpiásemos. Se sobreentendía que no te chivabas nunca de un amigo, una norma no escrita que respeto hasta hoy. Mientras estábamos limpiando, nos encontramos con la botella de vodka del cantor. Estuvimos de acuerdo con que el trabajo duro merece algún tipo de compensación, así que ambos tomamos un traguito. Comprobamos la botella y pensamos que el poco que habíamos cogido no se notaría, así que continuamos con nuestra labor.

Unos días más tarde, cuando habíamos vuelto para trabajar en la sinagoga, bebimos un poquito más. Pensamos que quizás ahora faltaba suficiente vodka como para que se notase, lo que resultaría en un potencial desastre para ambos, así que añadimos un poco de agua, creyendo que sería suficiente para ocultar nuestro pequeño «crimen». Cada vez bebíamos un poco más, disfrutando del subidón y aun más de no ser descubiertos. Bebíamos suficiente como para emborracharnos, pero íbamos con cuidado de borrar nuestras huellas añadiendo más agua. En la cuarta ocasión, se nos terminó la suerte. El cantor se dio cuenta de que su querido vodka no sabía igual. Lo más probable es que no le proveyese con la euforia de la que estaba acostumbrado a disfrutar.

No había escapatoria. Nos pillaron, pues éramos los únicos asignados a las tareas de la sinagoga. Como yo era algo más robusto que mi compañero, cargué con la culpa y ahorré el castigo a uno de nosotros, por lo menos.

Para mi gran sorpresa, el tiempo pasaba rápidamente. Según recuerdo, me deleité con las pocas visitas de Faiga durante mi estancia en el orfanato, que duró seis años, hasta el otoño de 1939. Recuerdo que venía con más frecuencia que Simcha, y que yo estaba feliz de verla.

Volvería a casa después de mi bar mitzvá, cuando terminase séptimo curso. El bar mitzvá, para quienes no lo sepan, es un rito de pasaje en el cual un chico de trece años se convierte en hombre. En aquel entonces, los bar mitzvás eran solo ceremonias religiosas, no teníamos las fiestas elaboradas que normalmente los siguen hoy en día.

Retrato de grupo de los niños y el personal del orfanato judío de Drohóbych © Museo Conmemorativo del Holocausto de Estados Unidos, cortesía de Paul Leopold Lustig, 1921

VUELTA A CASA, 1939

Volví a casa dos semanas antes del inicio de la guerra, cuando los alemanes invadieron Polonia. Sin embargo, mi casa ya no era la misma. Todos habíamos crecido, lo que trajo varios acontecimientos de los que cambian la vida. Simcha se había casado con su novia, Andzia, y crearon su hogar juntos; Faiga estaba casada con un hombre llamado Simcha Wald. Tal y como había soñado, mi hermana se había convertido en una talentosa esteticista y trabajaba en Drohóbych; yo estaba en casa y planeaba contribuir tal y como debería hacerlo un hombre. Me puse en marcha para encontrar trabajo y ganarme un sueldo que me asegurase que mi madre estaría bien cuidada. Ciertamente, lo necesitaba: se había vuelto terriblemente delgada y frágil, y parecía mucho, mucho mayor que su edad. Estaba preocupadísimo por ella. Como siempre, quería hacer cualquier cosa que pudiera para ayudarla, pero ahora este instinto se amplificaba multiplicado por cien. Me sentía inútil cuando la miraba, pero estaba decidido a hacer lo que fuese para mejorar su vida.

En poco tiempo, nuestro mundo volvería a cambiar. Recuerdo mirar las casas cerca de la mía, con sus espacios abiertos para un patio. Añoraba los días cuando Joseph, Juhuda, Abe y yo jugábamos, despreocupados y ajenos a nuestros futuros.

En otoño de 1939, a pesar de haber firmado el pacto de no agresión germano-polaco en 1934, Alemania se adentró en Polonia. El ejército polaco, a caballo y con soldados que llevaban espadas y rifles, no tenía nada que hacer frente la máquina de guerra bien engrasada que era Alemania. Armados con tanques y con una fuerza aérea superior, Alemania venció a Polonia rápidamente.

Muy poco después, los alemanes entraron a mi ciudad. Aunque su estancia fue breve, dejaron una marca indeleble en la población judía en forma de insultos y humillación. Rusia empató con Alemania haciéndose con la región de Galitzia, la parte sudeste de Polonia, que actualmente es parte de Ucrania. Tanto mi ciudad como la región de Galitzia ahora estaban bajo ocupación rusa.

El aire era fresco y había un leve olor a madera quemándose cuando salimos de la sinagoga al concluir los Yamim Noraim. ¿Podía ser que hubiesen respondido a nuestras plegarias? Sí, los alemanes se habían ido, pero ahora habían cogido el mando los rusos. Por encima de nosotros, música rusa sonaba por los altavoces. Cuando no sonaba la música, la voz del altavoz nos explicaba las costumbres comunistas.

No tuvimos mucho tiempo para acostumbrarnos a esta forma de vida antes de que las cosas volviesen a cambiar. Reclutaron a mi hermano Simcha en el Ejército Rojo y sirvió en el frente durante la guerra: donde fuese que estaba luchando Rusia, allí era donde iba mi hermano. Allí donde mandaban los rusos, la gente perdía hogares, granjas y negocios. Esta era la forma comunista. Sin importar cuan duro alguien pudiese haber trabajado para montar un negocio, ahora todo pertenecía al estado. Sin previo aviso, se sacaba a la gente de sus casas, mientras que otros compartían sus negocios que habían estado en la familia durante décadas. Nosotros éramos pobres e, irónicamente, supongo que esto era una suerte, pues no teníamos nada que dar a la forma de vida comunista. Mi madre y yo pudimos quedarnos en nuestra pequeña casa, pero ya no podíamos rezar en la sinagoga, porque ahora todas las religiones estaban prohibidas. El comunismo era el poder absoluto, era la nueva religión.

La vida bajo el comunismo me sirvió de una forma: me formaron como operador de torno y finalmente pude conseguir mi objetivo de tener un trabajo. ¡Por fin, podría mantener a mi madre!

En general, la vida bajo los rusos vino con sus propias dificultades. La más urgente era la escasez de comida, sobre todo de azúcar, harina y pan. Era difícil encontrar comida en general, y no pasó mucho hasta que el gobierno empezó a racionarla. El combustible también estaba en demanda. Los recursos valiosos escaseaban de cada vez más. Por ejemplo, era casi imposible encontrar un médico cuando lo necesitabas. Había colas para todo, en todas las direcciones. Para la comida, las cartillas de racionamiento, cualquier cuidado médico disponible. A veces, parecía que lo único que hacía la gente era hacer fila. Cuando los suministros no estaban disponibles, teníamos la opción del mercado negro, pero sabíamos que debíamos evitarlo a toda costa, pues el castigo era severo.

Bajo los rusos, conseguí mi primer empleo, trabajando con máquinas de escribir. Como nos adaptábamos al idioma ruso, teníamos que cambiar las letras. Era un trabajo tedioso y muy intenso, porque cada tecla tenía que cambiarse con cuidado de una en una. Para un chico de trece años, esto era miserablemente aburrido. Yo estaba lleno de energía y quería hacer más, aunque sí que descubrí que me encantaba trabajar con las manos.

Apenas capaz de contener mi felicidad cuando me dieron mi primera paga, llevé mis ganancias a casa con orgullo y le entregué la suma completa a mi madre. Jamás olvidaré sus lágrimas de gratitud.

Fue quizás el momento de más orgullo de mi vida, o ciertamente uno de los de más orgullo. Estaba entusiasmado y satisfecho de haberlo conseguido finalmente. A pesar de los tiempos difíciles, teníamos algunos medios para mantenernos.

MI CRIMEN

Trabajaba largas horas. Hacíamos turnos rotativos de cinco días con un día libre. Yo era joven y aún anhelaba los días sin preocupaciones, pero las responsabilidades del trabajo hacían que pareciesen muy lejanos. Sí que me las arreglaba para encontrar tiempo para jugar con mis amigos por la tarde igualmente. Bajo el cielo que se oscurecía, encontrábamos algo de alegría y evasión en el fútbol. Era una forma de correr y dejar que los largos días de trabajo se esfumasen durante unos preciosos minutos. Después de jugar un rato, era hora de comer e irse a dormir para un descanso muy necesario.

Una mañana, cometí un crimen por lo que respecta a las leyes bolcheviques. Sé lo que debéis de estar pensando, ¿qué crimen podría cometer un chico de trece años con buenos valores? Llegué tarde al trabajo, aunque no pudieron ser más de diez o quince minutos. Mi jefe realmente presentó cargos contra mí, y me llamaron a una vista ante un magistrado. Este procedimiento era parecido al de una audiencia judicial.

Bajo la ley bolchevique, había un proceso de verdad en el sistema de justicia criminal para los crímenes del lugar de trabajo. Mientras esperaba en la pequeña sala, vi a muchas otras personas. No pude evitar preguntarme qué habían hecho para estar allí. Cuando llegó mi turno, me acerqué al mostrador y un hombre que había visto en el trabajo le dijo al magistrado que yo había llegado tarde.

¿Qué podía decir, incluso si me dieron la oportunidad? Antes de tener tiempo de procesar qué estaba pasando, me dieron mi sentencia: ¡reducirían mi paga un diez por ciento durante varios meses! Mientras salía del edificio, sentía como entraba en una espiral depresiva. Mis ingresos ya eran escasos, y ahora sería aún peor. Una vez más, me prometí a mí mismo que cuidaría de mi madre, sin importar este contratiempo; mi hermano y mi hermana dependían de mí para cuidarla. ¿Cómo nos las apañaríamos con menos dinero?

Estaba seguro de que mi madre se enfadaría conmigo por haber sido tan descuidado. Sentía que la había decepcionado y apenas podía soportar enfrentarme a ella después de cometer un error tan catastrófico. ¿Cómo reaccionaría? Para mi sorpresa y gran alivio, no me regañó ni me reprendió. Incluso con este recorte importante en nuestros ingresos, consiguió ajustar nuestro presupuesto para comprar lo que necesitábamos. Claro está, esos días comimos mucho menos. Podía ver que mi madre se ponía de cada vez más débil. Sí, estábamos hambrientos, pero nuestra hambre en aquel entonces no era nada comparado con lo que vendría.

RETORNO DE LOS NAZIS

En la época de los nazis, cuando Alemania ofrecía un «pacto de no agresión», era seguro que llevaría a una guerra relámpago. Así pues, el 22 de junio de 1941, los nazis estaban de vuelta en Boryslav. Como la vez anterior, dejaron sangre y destrucción a su paso. Muchos habitantes tenían recuerdos amargos de los pocos días que Alemania pasó en nuestra zona en el 1939.

Días después de la victoria contra Rusia, la primera *Aktion*, una estrategia nazi para eliminar a sus enemigos, tuvo lugar en Boryslav. El blanco fueron intelectuales y miembros de la clase alta polacos. Sin nosotros saberlo, los líderes ucranianos se acercaron a la Gestapo para solicitar que les dejasen lidiar con los judíos. Ignoramos hasta mucho después de la guerra que los ucranianos y los polacos que vivían en la región de Galitzia culpaban a los judíos de apoyar el bolchevismo. Los alemanes les dieron a los ucranianos vía libre para encargarse de nosotros. Los ucranianos vinieron de Boryslav, Drohóbych y otros pueblos cercanos. Vinieron en tropel, con guadañas y hoces en las manos, que usaron para masacrar y mutilar a gente por la calle. Las carreteras estaban literalmente manchadas de sangre.

Mi madre decidió que ninguno de los dos saldría de casa hasta que esto terminase. Hicimos todo lo que podíamos, que era rezar juntos para que se acabase pronto. Durante esta época, no dejamos la casa ni siquiera para hacer nuestras necesidades en la letrina. Era demasiado peligroso salir por absolutamente cualquier motivo. Aguantando la respiración, intentábamos comprender este odio hacia nosotros de gente que ni siquiera conocíamos. ¿Qué habíamos hecho? ¿Qué había hecho ninguna persona judía para merecer esto? No teníamos ni idea. Estábamos confundidos, pero sobre todo estábamos aterrorizados.

Tres días más tarde, los nazis pusieron fin a esta *Aktion* que habían iniciado y llevado a cabo en su mayoría los ucranianos. Los nazis, incluidas las SS, la finalizaron, matando a cualquier judío que quedase a la vista. Entonces, la Gestapo ordenó a todos los judíos que saliésemos de nuestras casas para «limpiar nuestro desastre» de las calles. Este desastre consistía en su mayoría de los cuerpos heridos de las víctimas: la madre, el hermano, el padre o el amigo de alguien. Cogimos lo que quedaba de nuestros seres queridos y los metimos en carretillas, y entonces los preparamos para enterrarlos bajo los ritos judíos. Fueron enterrados en el cementerio judío de Boryslav.

Como en todas las otras ciudades de Europa, se formó un consejo judío, o *Judenrat*. El consejo judío de Boryslav lo dirigían Michael Herz y otros líderes prominentes de nuestra comunidad. Su papel era hacer de intermediarios entre la Gestapo asignada a nuestra ciudad y la comunidad judía. El consejo les entregaba a los nazis los nombres de todos los judíos de la ciudad, además de proveerles trabajadores, esto es, gente para hacer trabajos forzados, para el esfuerzo de la guerra alemán.

Regularmente salían nuevas leyes y edictos sobre cómo tratar (o más bien maltratar) a los judíos. Estos edictos limitaban nuestra capacidad para movernos libremente, tener negocios y acceder a servicios; los negocios judíos fueron entregados a otros. No se permitía la entrada de judíos en la mayoría de las tiendas, ni siquiera para comprar cosas básicas; teníamos prohibido caminar por ciertas calles, caminar por la acera o ir al cine, si nos cruzábamos con un *Volksdeutsche* (una persona de etnia alemana) teníamos que hacer una reverencia, quitarnos la gorra y dejarles paso. Quemaron los edificios que una vez fueron nuestros templos hasta los cimientos.

A todos los que identificaban como judíos, nos dieron brazaletes con una estrella de David de ocho puntas. En el centro de esta estrella amarilla aparecía la palabra *Jude*, o judío. En polaco, este brazalete se llamaba *opaska*. Ahora estábamos marcados oficialmente, de forma literal. No llevar el *opaska* significaba ser arrestado o incluso la muerte.

Acosaban a los judíos de forma diaria, este acoso se convirtió en nuestra forma de vida. Especialmente, se metían con los judíos ortodoxos, porque tenían un aspecto diferente, con sus barbas largas y los *payot*, que es yidis para mechones o rizos laterales. Mientras caminaba, vi a un chico de más o menos mi edad sacar un cuchillo de su bolsillo y cortarle un trozo de barba a un hombre religioso mientras la policía miraba y se reía. Ridiculizaron al hombre mientras él y su familia estaban allí indefensos. Desearía poder decir que solo lo vi una vez, pero es imposible contar la cantidad de veces que presencié este tipo de acoso. Si cortar un lado del *payot* no era lo suficientemente malo, parecía que además rasgaban la piel a propósito.

Me encontraba más y más enfurecido. No había salida para deshacerme de la rabia y el odio que se acumulaban dentro de mí. No había nada que pudiese hacer, más que llevarlo dentro de mí y notarlo crecer día a día. Veía a mi madre debilitarse a medida que pasaban los días y no podía hacer nada para pararlo. Este sentimiento de inutilidad se añadía a mi rabia.

Mientras caminaba por mi propia ciudad, nos lanzaban órdenes en alemán. No obedecer significaba que te apalizaban o mataban. Memorizar palabras alemanas para evitar un porrazo, o peor, que me matasen, por no responder se hizo muy importante. Por suerte, había cierta semejanza entre el alemán y el yidis. Trabajé con diligencia para darles significado a estas nuevas palabras alemanas. Pensé que bien podían significar la diferencia entre la vida y la muerte para mí y mi madre.

No sabíamos cómo podía empeorar la cosa, pero lo hizo. Perdí mi trabajo, nuestra única fuente de ingresos. El mundo se nos venía abajo. En octubre de 1941, las cosas se pusieron aún más difíciles. Formaron dos guetos en Boryslav. No había necesidad de una valla, la mayoría de nosotros no nos aventurábamos fuera de nuestra zona designada. Los guardas nazis y los ucranianos, sobre todo los segundos, se encargaban alegremente de apalizar a cualquier judío que violase las normas o saliese del gueto.

Ser pobre tuvo algunas ventajas inesperadas, en esas circunstancias miserables, y de forma muy extraña, en verdad fuimos afortunados. Nuestra casa estaba en una zona pobre de la ciudad que más tarde designaron como el gueto. Por lo tanto, no tuvimos que mudarnos y no vino nadie a compartir nuestro hogar. A diferencia de muchos, no nos vimos obligados a soportar estos cambios.

El *Judenrat*, que era responsable de proveer trabajos a la población judía, me dio el papel de mensajero. Esto me permitía salir del gueto si tenía los papeles correspondientes. Como algunos miembros de la comunidad judía no eran capaces físicamente de hacer los trabajos que se les asignaban, no era raro que otros, como yo mismo, se ofreciesen para trabajar en su lugar.

Me ofrecía voluntario inmediatamente para trabajar en lugar de otros judíos que no querían dejar sus casas o que no podían trabajar por cualquier motivo. Al asumir su identidad, ganaba un poco de dinero del individuo gracias al trabajo. Además, me daban comida a cambio de trabajar. El consejo judío intentaba alimentar a tanta gente como era posible. Había un comedor comunitario donde la gente podía ir a tomar algo de sopa o una comida muy sencilla. Yo comía y llevaba algo a casa en un contenedor de metal para mi madre, que para ese entonces apenas salía de la cama. Me encontré con que mi entrenamiento previo en el orfanato resultaba útil. Tenía el equivalente de lo que ahora se conocen como conocimientos de la calle. Tenía capacidad de supervivencia, era sumamente consciente de mis alrededores y ofrecía mi resistencia personal hacia todo lo que los alemanes y los ucranianos estaban haciendo a los judíos. Era joven y nunca pensaba en el peligro personal. ¡Era invencible! También mantenía mi código personal de no ser nunca un chivato.

Por desgracia, no todo el mundo vivía siguiendo este código. Para ser justos, estas circunstancias tienen una forma de sacar lo peor de las personas. La policía judía era un ejemplo. Algunos conspiraban con los nazis y entregaban a sus mejores amigos. La mayoría de la policía judía en ese momento no eran conscientes de que al final tendrían el mismo destino que el resto de la población judía, los nazis no harían una excepción con ellos. El comandante de la policía judía debió de haber predicho que él y su familia no se salvarían e intentó esconderse. Este hombre tenía un perro al que quería, que resultó ser ladrador, así que lo mató para que no diese a conocer su escondite llegado el momento.

Cuando terminaba el trabajo, me invitaban a jugar al fútbol. Muchas veces, a causa de mi trabajo, me encontraba fuera del gueto. Nos dividíamos en equipos y jugábamos hasta hartarnos. Un día hacía calor y yo, junto con otros, me quité la camisa y la *opaska*. Cuando terminó el juego, me las puse otra vez y un chico me dijo: «¿Por qué te las pones? Mírate, no pareces judío, quédate en este lado, nadie lo sabrá». La cuestión era que yo sí lo sabría, y tenía a alguien que dependía de mí que no podía aventurarse fuera, en la zona prohibida, estaba demasiado enferma. Esas veces en las que nos juntamos para jugar al fútbol no había segregación impuesta por los nazis, solo un grupo de adolescentes polacos que lo pasaban bien. Casi siempre me escogían el primero, tenía reputación de ser un muy buen jugador de fútbol.

LA VIDA EMPEORA

A medida que pasaban los días, un día interminable y miserable después de otro, se hizo obvio que la gente empezaba a desaparecer. Nadie tenía respuestas, o los que podrían haberlas tenido decidían no compartirlas. Escuché historias sobre los más ricos de nosotros, que podían sobornar a los guardas, que consistían en polacos, ucranianos y alemanes. Ninguno de los guardas estaba por encima de aceptar un soborno. Estos incluían reliquias familiares, joyas y dinero. Poco después del retorno de los alemanes, todas las familias judías habían tenido que entregar sus pieles y joyas de plata u oro, fuesen candelabros del *sabbat*, marcos o anillos de boda; no había diferencia, si era plata u oro, debíamos entregarlo. Para muchos, estaban entregando algo más valioso que el oro o la plata, estas eran partes de su historia familiar, reliquias que tendrían que haber pasado a la siguiente generación y más allá. Era increíble que quedase nada más adelante para usar como soborno.

La salud general también decayó dramáticamente. El tifus y la disentería eran habituales en el gueto. No se nos permitía tomar medicación, incluso los que tenían dinero no podían comprarla. La única forma de obtener medicinas era en el mercado negro. Aún había algunos médicos judíos, pero estaban en las mismas circunstancias que el resto.

Mi madre y yo no nos sentíamos mucho más pobres que en cualquier otro momento. Teníamos tan poco ya desde un principio que vivir en esta pobreza no nos resultaba nada nuevo. Siempre me había orgullecido mucho poder mantener a mi madre, incluso en estas condiciones extremas, encontraba la forma de traer algo de comida a casa. Muchas veces sospeché que ella sabía que me estaba arriesgando y quizás portándome de forma manipulativa. Evitaba hacer contacto visual, pero como mi hermana, mi madre tenía un sexto sentido. Uno tenía que arriesgarse para sobrevivir. Sin hacer nada ilegal, me esforcé al máximo para aferrarnos a nuestra dignidad y mantenernos con vida.

A medida que terminaba el verano de 1942, los alemanes presionaban al *Judenrat* para que hiciesen una lista de gente que, según ellos, no tenían utilidad. Esta lista debía contener a la gente más pobre y enferma, que sería transportada fuera de Boryslav. Por desgracia, hoy en día esto no ha cambiado mucho: los que tienen dinero son los poderosos, aunque no hasta el punto de poder hacer decisiones que conlleven la muerte.

Cuando me fui a dormir el 2 de septiembre de 1942, no tenía ni idea de que mi madre y yo estaríamos en esa larguísima lista de gente a la que estaba programado sacar de Boryslav en los días venideros. A las cuatro de la mañana del 3 de septiembre de 1942, me despertaron unos fuertes golpes a nuestra puerta. Cuando respondí, un guarda alemán y uno ucraniano me dijeron que nos reubicarían a mi madre y a mí. Esta era la palabra: reubicar. De todas las mentiras que se han dicho jamás, esta seguro que tiene que ser una de las peores. Corrían rumores sobre esta «reubicación» y lo que significaba realmente.

Caminé junto a mi madre y muchas otras personas, cargando con nuestras maletas y la comida que habíamos podido encontrar, hacia la estación de tren. Mi pobre, dulce madre, a quien su salud le había estado fallando durante años, estaba aún más débil a causa del hambre constante. Solo tenía 58 años, pero parecía mucho mayor. Rodeándola con el brazo, me esforcé por mantenerla de pie y en movimiento. Un joven a quien apenas conocía la cogía del otro lado. Tenía que ser fuerte y presentar un frente impenetrable por mi madre. Me preocupaba cómo soportaría el viaje, ya estaba tan frágil...

Seguimos caminando mientras el frío nos cortaba las mejillas y las manos. Antes de darme cuenta de qué pasaba, mi madre colapsó. Paré para ayudarla a levantarse y los guardas bárbaros gritaban «Mach schnell!». La cogieron y la metieron en un furgón. No pude hacer nada más que decirme a mí mismo que la vería en la estación.

Cuando finalmente llegué, lo primero que vi fueron los vagones de ganado. ¿De ganado? ¿Usarían transporte para animales para transportar a seres humanos? No veía a mi madre por ningún sitio. Miré a mi alrededor y grité:

- ¿Yochevet Brodt? ¿Yochevet Brodt? ¿Alguien ha visto a mi madre?

- No, Henek- dijo alguien,- no la hemos visto.

Busqué en todos sitios, pero no la encontraba. Era como si hubiese desaparecido completamente, como si no hubiera existido jamás. No había tiempo para buscar, ya nos estaban gritando órdenes: «*Schnell, schnell!* ¡En fila! ¡En fila!».

En la estación había tres oficiales alemanes, incluido un Gestapo que instruía a los soldados para que nos mantuviesen en fila. Para entonces, yo ya tenía bastante idea de lo que decían. Estaba esperando para montarme en el vagón de ganado que me llevaría en ese viaje sin retorno hacia la muerte en Belzec, el que terminaba en las cámaras de gas. El Gestapo me dio unos toquecitos en el hombro y me preguntó mi edad. Instintivamente, añadí unos años.

Con un simple gesto con la mano, me sacó de la fila para el tren. Así de fácil, me había salvado, pero ¿para qué?

- Eres joven y estás sano- dijo,- puedes trabajar. Quédate aquí.

Mucho después supe que había un Gestapo en Boryslav que intentó salvar a tantos judíos como fue posible. ¿Fue él quién me sacó de la fila? No lo sé, pero sospecho que hay una gran posibilidad.

Vi como mis amigos y vecinos subían a los vagones de ganado, entumecidos y desorientados, pero no vi a mi madre. Dentro de los vagones, el cargamento humano estaba bien apretujado. Les llevó más de un día y medio completar la deportación. La destinación de este enorme traslado fuera de Boryslav y Drohóbych era Belzec, el primero de los campos de exterminio nazis creados con la finalidad de eliminar a los judíos polacos. Pronto, descubrimos que el único propósito de Belzec era el asesinato sistemático de esos a quienes habían «reubicado». Desde el principio, su destino había sido la muerte.

Al principio, gasearon a madres, padres, abuelas, abuelos e hijos en habitaciones donde metían monóxido de carbono. Ni siquiera había la fachada de una ducha. La muerte era lenta y dolorosa.

Después de mi indulto de la muerte segura, volví a Boryslav, ahora completamente solo. Regresé a nuestra casa, esperaba que hubiese alguna posibilidad de que hubiesen llevado a mi madre allí para que se recuperase. Después de todo, habría sido lo humano de hacer con alguien tan enfermo. Cuando entré en nuestro hogar, había un silencio que jamás había experimentado antes. No era solo la ausencia de sonido, era un sentimiento enfermizo y horrible. Esa casa no solo estaba vacía de vida humana, también había una sensación fría y opresiva que llegaba hasta los rincones de nuestra pequeña vivienda. Ya no era un hogar. Era el amor que había vivido dentro de esas cuatro paredes lo que había creado el calor de un verdadero hogar, y ese calor era mi madre, mi dulce y cariñosa madre. Ahora que ya no estaba, también había desaparecido mi razón de seguir allí. Me fui para nunca volver.

Mi hermana y su marido, Simcha Wald, estaban escondidos en un hospital justo fuera del gueto. Había falsificado papeles y vivía como cristiana en una zona no judía. Trabajaba cuidando de enfermos, aunque en realidad fuese esteticista.

Cuando se marchó, prometimos que hasta que no terminase esta locura no nos pondríamos en contacto. Mientras nos asegurábamos nuestro amor mutuo, mi madre y yo esperábamos que mi dulce hermana y su esposo estuviesen a salvo. Como el hijo que estaba en casa, asumí todas las responsabilidades respecto a mi madre. ¿Cómo no podía haber ido un paso por delante en este momento fatal?

Ahora estaba solo. Había un conflicto en mi interior. En el fondo sospechaba que no volvería a ver a mi madre nunca más, pero continuaba negándolo en mi corazón. Era la única forma que tenía de sobrevivir, aferrarme a la más débil de las esperanzas. ¿O era negación? Algo que sé es que la otra cara de la negación es la esperanza. En cualquier caso, era todo lo que tenía en aquel momento para sostenerme.

Fui a la oficina del *Judenrat*. Exhausto, me subí a un escritorio y me dormí. Esto continuó durante unas seis semanas. Me quedé en el gueto haciendo trabajos ocasionales hasta que cambiasen mis circunstancias. Trabajaba lo máximo posible para mantener la mente ocupada y lejos de no encontrar a mi madre, aunque a cierto nivel sabía que ya no estaba en ningún lugar donde alguien pudiese encontrarla. Si la capacidad de trabajar era el criterio sobre quién tenía permitido vivir, entonces sabía que mi madre ya no seguía viva. Pensé en todas las personas físicamente capaces que habían desaparecido y que se suponía que ahora estaban muertas. ¿Qué sentido tenía? No podía parar mis pensamientos, que corrían de un callejón sin salida al otro. Era como si estuviese atrapado en un laberinto del que no podía salir.

Mi trabajo variaba. Cavé zanjas. Limpié calles. Incluso limpié oficinas e hice de mensajero de vez en cuando. Ya no tenía familia en mi vida. Estaba solo. No quedaba nadie a quien le importase si me cogían por la calle, me enviaban fuera o me mataban. Nadie sabía que Henek Brodt una vez fue un ciudadano respetuoso con las leyes de Boryslav, Polonia.

En 1943, mientras el gueto se hacía más y más pequeño, me mandaron a hacer trabajos forzados. Fue poco antes del 15 de julio de 1943, cuando declararon Boryslav como un lugar *Judenrein*, o «limpio de judíos». Hasta ese momento, había estado durmiendo en un campo de trabajos forzados cerca de Boryslav.

Había tres campos de trabajos forzados cerca y alrededor de Boryslav y Drohóbych, yo terminé en el que se llamaba Mraznica. El comandante de este campo era un sádico llamado Friedrich Hildebrandt.[1] Estaba a cargo de la zona de Galitzia alrededor de Drohóbych y Boryslav. Podía ser el comandante, pero su profesión real era la de asesino. Más adelante, descubriría que ser un sádico era el prerrequisito principal de empleo en esa posición. Él mataba a personas sin absolutamente ningún motivo.

Si los presos tenían familia con dinero, podían sobornar a cualquiera para que los sacasen. No había moral entre los guardas, fuesen alemanes, polacos o ucranianos. Incluso en estas circunstancias inimaginables, el dinero mandaba. Sin embargo, el soborno no era permanente y no era garantía de nada en absoluto. Aun si las personas podían pagarse la salida un día, podía ser que los recogiesen por la calle en la siguiente *Aktion*. Yo no tenía familia así, e incluso si todavía hubiese tenido a alguien, éramos tan pobres que no podríamos ni haber soñado con un soborno.

Las barracas en el campo de trabajos forzados eran diferentes de lo que vería más adelante en los campos de concentración. Consistían en un gran edificio de ladrillo con muchas habitaciones con estantes de madera que se usaban para dormir. No obstante, había un espacio adecuado entre uno y otro. Tenía un colchón de paja y una manta para mí.

En Mraznica, hacía trabajos ocasionales. El más tolerable de todos era hacer de mensajero. Esto funcionaba según un sistema de honor. Sabían que volvería incluso si pasaba la noche fuera, lo que en un principio tenía permitido hacer. Muy pocas personas ayudarían a una persona judía por el temor a ser castigados, así que mis opciones cuanto a donde podía ir eran limitadas. Muchos, incluso se unían a la hostilidad. No eran poco habituales los gritos de «Scheiss Jude, Judenschwein». A veces era más fácil para las personas unirse a los comportamientos incluso más horribles en lugar de luchar contra ellos. No excuso este comportamiento, pero las personas tenían miedo.

Para entonces, estaba aislado, o quizás simplemente me había vuelto insensible al dolor y la humillación. Las palabras no me herían, ya me había tocado un golpe demoledor con la pérdida de mi madre. La cosa solo iría a peor en adelante. Lo que vi hacer a la gente en esos días llevaron mi fe en la humanidad a su punto más bajo. Era imposible de comprender, e igualmente imposible de ignorar.

Tenía mi propio trabajo como parte de la resistencia. Como me podía mover libremente, usaba esta oportunidad para ayudar a otros. Me decían con quién quedar y los llevaba sin peligro a un lugar donde podrían esconderse. En esa época oscura, fui capaz de encontrar algo de consuelo en ayudar a una familia a mantener a un ser querido con vida. Repartía mi tiempo entre cumplir con mi labor de mensajero y llevar a la gente a lugares seguros cuando oscurecía.

Una vez, un hombre mayor murió mientras estaba escondido. Destrozada por la tristeza, la familia temía que el olor del cuerpo en descomposición delatase su escondite. Tenía que encontrar la forma de sacar el cuerpo sin que me pillasen. Pude preparar un vagón de caballos y llevar al cuerpo a ser enterrado. Mientras lo sacaba, le prometí a la familia que diría una plegaria, y cumplí con mi palabra.

Un día, el guarda alemán de Mraznica me pidió que fuese a la farmacia del centro a recoger unos medicamentos con receta y que los trajese al campo de trabajo. Cuando fuese al centro, tenía que llevar comida del campo a la prisión donde tenían a los «rezagados». Los rezagados eran gente acusada de un crimen, o esos a quienes aún tenían que trasladar a un campo de trabajo o de concentración cuando disolviesen el gueto. Eran personas tanto judías como no judías. Los guardas de la prisión eran sobre todo ucranianos.

Cuando entré en las celdas para entregar la comida, me rodeó la gente que metía cosas en mis bolsillos: joyas, oro y monedas de plata. Todos objetos que debían haberse entregado hacía mucho. Mientras iba a la farmacia, contemplé como conseguir entrar estos objetos valiosos en el campo y dárselos a sus propietarios legítimos. Recogí las medicinas, ideé un plan y crucé los dedos.

Jamás les di a los guardas o a la policía ningún motivo para fijarse en mí. Conseguí pasar desapercibido. Mirando atrás, no me puedo creer los riesgos que tomé, pero cada vez volví al campo sin problema. Visité a los familiares y cada uno sabía que objeto era el suyo. Esperaban sobornar a los guardas de más rango para comprar la libertad temporal de sus seres queridos.

Como mensajero, también tenía que entregar objetos dentro del campo de trabajo. Había un guarda alemán de cuyo nombre ya no estoy seguro, pero creo que era Nimitz. Estaba a cargo de los guardas ucranianos. La esposa del oficial Nimitz quería una tarta casera de la cocina. Se hicieron acuerdos y uno de los guardas ucranianos me llamó y me dijo que recogiese la tarta y se la llevase a la esposa del oficial. Con la amenaza de un golpe de porra si la tarta no llegaba entera, partí a mi misión. El oficial Nimitz me lo agradeció, pero se fijó en un golpe que tenía en el brazo. Yo cambié de tema inmediatamente. Explicar mi lesión podía significar más problemas. Sabía cuál era mi lugar en este mundo comandado por los nazis.

Me eligieron en numerosas ocasiones para entregarle cosas al oficial Nimitz, que parecía algo protector de mí. Parecía que los guardas ucranianos no se esmeraban para acosarme. Un día, el oficial me informó de que en un futuro cercano rodearían y liquidarían el campo, y me dijo que cogiese una chaqueta y un par de botas y caminase hacia el sur del campo.

- ¿Y tú?- pregunté. Él respondió:

- Yo miraré hacia otro lado.

Esta situación nunca llegó, pues me trasladaron antes.

La vida en este campo de trabajos forzados era miserable, como era de esperar. Apalizaban a la gente sin otro motivo más que ser judíos. Eran habituales los planes de escape. Un grupo de jóvenes, de entre 18 y 24 años, estaban planeando su éxodo a la libertad y yo me enfrentaba a la decisión de unirme a ellos o quedarme allí. Huir siempre estaba en mi mente, sin embargo, era joven. No sentía que ese fuese el momento de escapar. Mi intuición y el sexto sentido que hay en mi familia me habían guiado por toda mi vida, y esta situación no fue distinta. A regañadientes, decidí quedarme. La realidad de la situación era que la gente odiaba a los judíos y nadie ofrecería ayuda. Adhiriéndome al código no escrito de mantener silencio que había formado parte de mi vida desde el orfanato, recé una plegaria silenciosa por mis vecinos para que su huida fuese un éxito.

Algo que siempre me ha molestado es cuando dicen que una persona parece judía. Aún no sé cómo es una persona judía. Yo tenía el pelo rubio y los ojos claros, y me dijeron en repetidas ocasiones que no parecía judío. Por algún insólito motivo, los polacos y los ucranianos podían detectar a una persona judía con facilidad.

El grupo de amigos acordó que se adentrarían en el bosque y se moverían hacia el frente este. Habían pactado y hecho una promesa inquebrantable de que durante esta huida no importaba a quien se encontrasen, tendrían que matarlo. Después de todo, todos tenían a familiares que habían sido asesinados por los nazis y los ucranianos. Los granjeros y los campesinos recibían sus recompensas por entregar a un judío. El grupo estuvo de acuerdo que este era el único camino hacia la vida.

Una vez escaparon, no podían llevar fuera más de un día o dos cuando se encontraron con un leñador en el bosque. Estaba claro que este leñador los reconoció como prisioneros judíos que habían escapado. Estaban listos para cumplir con su acuerdo: tendrían que matarlo. Pero había un problema, y es que su único crimen era ser judíos. Así que, cuando el leñador suplicó por su vida, llorando y diciendo que tenía esposa e hijos y jurando por la Biblia que jamás diría que los había visto, los prisioneros escucharon y se pararon. Los chicos hablaron entre ellos y estuvieron de acuerdo con que sus palabras sonaban sinceras. Incluso les dio su comida para su viaje hacia la libertad. Dejaron ir al leñador.

Al día siguiente, obtuvieron su recompensa por ser humanos nobles y empáticos. Estaban rodeados por la Gestapo, con el leñador que los señalaba. Uno de mis amigos consiguió escapar y volver al campo para contarnos la historia. El odio de los polacos y los ucranianos hacia los judíos había puesto en ridículo un acto de piedad.

En Mraznica, estaba con otros chicos de mi edad de mi ciudad. Tenía unos cuantos amigos con quien hablaba. Mi mejor amigo y familiar lejano Abe también era un prisionero, aunque no estábamos en la misma barraca. Abe y yo seríamos amigos de por vida. Ambos habíamos sufrido pérdidas en ese punto y nos ofrecíamos mutuamente el apoyo que cabe de esperar de un amigo y familiar. Otro chico se llamaba Leon Ettinger. Yo le echaba un ojo y él me lo echaba a mí. Leon se paseaba con el peso del mundo en los hombros, intentaba con todas sus fuerzas proteger a su madre. Encontró a alguien que creía ser un hombre honrado, un guardabosques que accedió a esconder a su madre a cambio de dinero que le pagaría mensualmente. Leon mantenía su parte del acuerdo y pagaba rápidamente, pero la esposa del guardabosques no quería esconder a una judía. Era un riesgo, uno que probablemente no había querido nunca de entrada. Al principio, uno recibía recompensas monetarias por entregar a un judío, pero esconder a una persona judía también podía resultar en la muerte. Leon supo que la esposa del guardabosques había ido a la policía y había entregado a su madre. A pesar de todos sus esfuerzos para mantenerla a salvo, la mataron allí mismo.

¿Qué podía decirle a Leon para calmar su dolor? ¿Qué podía decir cualquiera de nosotros a los demás? Leon quería venganza y esa necesidad lo consumió: cegado por la ira, asesinó al guardabosques. Su esposa, que sabía qué aspecto tenía Leon, esperó en las puertas de Mraznica cuando los prisioneros partían hacia sus trabajos. Durante más de tres semanas, todos ayudamos a esconder a Leon. No era una tarea fácil, pero muchos de nosotros cuidábamos de nuestros conciudadanos. Pasaron unas cuantas semanas, y Leon necesitaba volver al trabajo. Pensaba que habría pasado suficiente tiempo, así que se arriesgó. Sin embargo, la esposa del guardabosques lo reconoció inmediatamente, el hombre de quien había aceptado dinero gustosamente. Uno de las SS asignado en Mraznica cogió a Leon y se lo llevó.

Cuando volvimos al campo de trabajos forzados, nos llamaron a la Appellplatz (el lugar del recuento) y nos obligaron a mirar mientras el hombre de las SS apalizaba a Leon con una porra hasta matarlo. Me sentí enfermo, con un agudo dolor que me atravesaba el corazón y el alma. Otro amigo y yo volvimos a las barracas lentamente, recitando el *kadish* del doliente para Leon Ettinger y su madre. Leon era otro humano que intentaba proteger a su madre, y ahora ambos estaban muertos.

Abe y yo teníamos el corazón roto por haber tenido que decir adiós de forma tan dolorosa a uno de los nuestros, pero ese no sería mi único adiós. Sin previo aviso, seleccionaron a Abe para transferirlo a un campo de trabajos forzados fuera de Lvov. Ese campo era conocido por ser horrible y peligroso.

---

1. Su título era *Judensachbearbeiter bei der Dienststelle des SS- und Polizeiführers Galizien in Lemberg und Inspekteur des jüdischen ZAL im Distrikt Galizien.*

INTUICIÓN DE MADRE

Durante uno de mis muchos viajes al centro, me paré en una carnicería alemana. El hombre de detrás del mostrador siempre me saludaba y era muy cortés, me trataba con la misma amabilidad y dignidad de antes de que los nazis tomasen el control. Mientras me pasaba un poco de carne y pan, me informó que mi hermana Faiga y su marido habían tenido una niña hacía unos meses. Mi hermana tenía una habilidad insólita para notar lo que estaba por venir. Su intuición la había llevado a creer que podrían herir a su querida hija en un futuro muy cercano, así que, para salvarle la vida, ella y su marido la metieron en una caja y la dejaron a las puertas de un orfanato cristiano de Boryslav. Supe que los padres adoptivos le habían cambiado el nombre a mi sobrina al de Adelle Bramska. *Bramma* es «puerta» en polaco. Mientras me empezaba a explicar lo de la adopción, la Gestapo entró y su actitud cambió inmediatamente. Esa era mi señal para irme con tal de protegerlo.

Pasaron varias semanas y supe sobre el primer asesinato en masa en nuestra ciudad. Habían obligado a cientos de personas a cavar una fosa común, después, los desnudaron y las SS nazis los fusilaron.

. . .

Un día, cuando volvía a estar en la carnicería como mensajero, el hombre del mostrador me entregó algo de comida. Me dijo que mi hermana estaba entre los que habían sido asesinados en el fusilamiento en masa. Una mujer polaca había traicionado a mi querida Faiga, y se había ganado unos cuantos marcos al entregar a una judía. Además del dinero, esta mujer se quedó con el abrigo de Faiga. Mi hermana tenía un abrigo muy exclusivo que no solo dejaba ver su profesión como esteticista, también capturaba su espíritu creativo. Cuando me giré, vi a una mujer vestida con ese mismo abrigo. Miré al carnicero, que asintió, cómplice. Algo en mi se rompió y la seguí. Estaba cegado por la ira, buscaba venganza por mi hermana, por todo lo que le había ocurrido a mi familia, y por todo lo que todavía estaba pasando, por cada traición, por cada muerte. Mientras la seguía, vi por el rabillo del ojo a un hombre de la Gestapo que se dirigía hacia mí. Esto me devolvió de golpe a la realidad, y mis pensamientos de venganza retrocedieron en un instante, o por lo menos de momento. En cierta forma, a día de hoy estoy agradecido por su presencia, porque aún puedo decir que jamás he matado a otro ser humano. Incluso con la rabia más intensa que podría imaginar, no perdí mi humanidad.

Mi hermana, conocida por su intuición, probablemente sospechaba que algo sucedería. El trato de los nazis de los bebés y los niños era bien conocido. Hizo el mayor sacrificio para mantener a su hija con vida. Jamás fuimos capaces de encontrarla. Quizás esto fuese lo mejor para ella.

Mientras estaba en uno de mis muchos viajes al centro, supe que mi hermano había sido herido de gravedad luchando en el ejército ruso, y que su estado era delicado. Ir al centro no siempre resultaba en información rigurosa. Mientras el campo de trabajo se preparaba para cerrar y las zonas de Drohóbych y Boryslav se declaraban *Judenrein*, me marché con solo fragmentos de información sobre mi familia, fragmentos que me harían continuar, aunque a duras penas. Pero había más que desconocía aún.

PLASZOW

En abril de 1944, después de trabajar durante dos años para los nazis haciendo trabajos forzados, ya había asumido que mi madre se había ido para siempre. Sabía que a mi hermana la habían matado en el primer asesinato en masa de Boryslav. Quería justicia por las horribles muertes de mi familia. Quería justicia por mi hambre insaciable. Quería venganza por cada azote e insulto que caían sobre mi cuerpo. Mi esperanza y mi espíritu se estaban desgastando, y una pregunta horrible se formaba ante mis ojos: ¿qué me quedaba a parte de mi familia?

Un día, me dijeron que me presentase al cine con mis posesiones y entonces, sin previo aviso, me metieron en un vagón de ganado, con destinación desconocida. Para entonces, ya sabía demasiado bien de lo que eran capaces los nazis, y cuál podría ser el destino. Ya no llamábamos locos a aquellos que hablaban de cámaras de gas y crematorios. Mientras nos metían, abarrotados, en unos vagones que ni siquiera eran apropiados para animales, no tenía ni idea de si me dirigía a mi muerte inmediata o si estaría sujeto a más de lo que era, en esencia, una muerte lenta y agonizante. Cerraron las puertas con un golpe y nos quedamos pegados en una masa enorme y apestosa, cuerpo contra cuerpo. La gente lloraba, rezaba y gritaba. No había tal cosa como una conversación normal.

Como tantos de nosotros éramos jóvenes, me sorprendió ver un hombre mayor, o que lo parecía, aunque quizás tenía unos 40 años. Estaba terriblemente flaco. Lo recordaba del trabajo forzado, así como la crueldad que había tenido que soportar. Intenté dejarle espacio, e incluso lo dejé apoyarse en mí para ponérselo más fácil. No éramos alimañas. Me habían quitado tanto, tantísimo, pero me consoló descubrir que aún tenía una gota de compasión dentro de mí.

El tren bajó por las vías, parando brevemente en Drohóbych, por lo visto para recoger más carga humana. Mientras el tren traqueteaba por las vías, el ruido que hacía parecía decir «muerte, muerte, muerte», pero en mi mente y mi corazón, cantaba «vida, vida, vida». Hacía lo que podía para agarrarme a cualquier esperanza que pudiese encontrar, donde fuese y como fuese que la pudiese encontrar. Dentro de mí ardía el deseo de vivir. Se lo debía a mis padres, a mi hermana y mi hermano.

El tren finalmente paró. Nos recibieron con el habitual «Schnell, schnell!» y nos pegaban hombres con uniformes de rayas, las SS y cualquier otro que quisiera participar en esta brutalidad trivial. Intenté ayudar a otros a bajar del tren. Estábamos agarrotados por haber tenido que estar de pie con tan poco espacio. Cuando mis ojos se acostumbraron a la luz, pude ver que estábamos en Plaszow, un suburbio al sur de Cracovia.[1]

¡Qué lugar tan extraño! Miré a mi alrededor y vi lápidas, bloques de cemento con letras en hebreo. También había piedras rotas en el suelo. Finalmente, lo entendí: estábamos en el viejo cementerio judío de Cracovia, o cerca de él, lo que parecía adecuado. Habían erigido el campo de trabajos forzados en el terreno de dos viejos cementerios judíos. Si moría aquí, por lo menos quizás tendría algo de dignidad de descansar en lo que una vez fue y siempre sería territorio sagrado para muchos.

Antes de mi llegada en 1944, habían designado Plaszow como un campo de trabajos forzados. Cuando declararon el gueto de Cracovia *Judenrein*, aquellos que no llevaban a Belzec, donde serían asesinados, terminaban haciendo trabajos forzados en Plaszow.

Este campo incluía varias fábricas y lo que una vez fue una hermosa colina, donde los que vivían en la ciudad podían ir de picnic y disfrutar de un poco de naturaleza en medio de su ciudad. Esos días ciertamente parecían remotos, ahora. El comandante nazi y su asistente destrozaron completamente la serenidad de esa colina. Llevaban a los presos y los luchadores de la resistencia allí para ser fusilados y enterrados. Aquellos asesinados en Plaszow también eran enterrados en la colina. Los prisioneros la bautizaron en honor al asistente de Amon Goeth, Albert Hujar, con el nombre Hujowa Gorka. No era un honor ponerle el nombre de ese hombre, ya que el nombre se refiere a él como «pene», o su jerga vulgar.

Amon Goeth (1908-1946) fue el comandante de Plaszow hasta el 13 de septiembre de 1944.[2] Goeth no solo estaba loco, también era un sádico. Le alegraba matar. Su casa estaba en la cima de otra colina, por encima del campo, desde donde disparaba aleatoriamente a prisioneros que no molestaban a nadie. Se paseaba con perros guardianes y, sin provocación alguna, les ordenaba hacer trizas a un prisionero. Goeth celebraba fiestas y tenía a su propia selección de cocineros y músicos de entre las filas de prisioneros.

Cuando ya no se podía ignorar el olor de cuerpos en descomposición, hubo una visita de unos cuantos oficiales de Berlín. Debían exhumar todos los cuerpos de la colina. Esto, por supuesto, se convirtió en un destacamento de trabajo. Después de exhumar los cuerpos, los prendieron en llamas. Los secuaces de Hitler esperaban haber borrado todas las pruebas incriminatorias, evidencia de los horribles crímenes que literalmente se convertía en humo.

Cuando llegué a Plaszow, pronto descubrí que no había normas que seguir, el comandante estaba loco. Vi a un hombre de pie a un momento y al siguiente, estaba muerto de un disparo. No tenía ni idea de qué pensar. No veía a ningún guarda cerca suyo. Miré hacia la colina, donde había una casa. Me fijé en un hombre que estaba en el balcón con una pistola: era Goeth. No tenía ni idea de qué había hecho el pobre hombre en el punto de mira de Goeth cuando cayó muerto. No importaba. Era lo que hacía Goeth, usar a gente inocente para practicar puntería. Este asesinato en particular sucedió unos minutos después de bajar del tren y que nos llevasen a las duchas.

Fue en este punto que me vino algo a la mente. Iba ganando capacidades para comunicarme en el idioma alemán. Era parecido al yidis, que es más suave que el idioma duro y gutural de los alemanes. Con cada día que pasaba, parecía que mi dominio del alemán iba mejorando. A través de los años, llegué a hablar alemán con fluidez, y también gané este dominio en varios otros idiomas.

Plaszow, campo de concentración alemán cerca de Cracovia, Polonia (publicado por primera vez en Polonia antes del 1 de marzo de 1989 sin aviso de derechos de autor); de wikimedia.org

---

1. Cuando hablo sobre Plaszow, siempre me preguntan si estaba en la lista de Schindler. La verdad es que yo no sabía nada de Schindler ni de su lista. Había muchas fábricas cerca de Cracovia, pero yo no era de la zona. Le muestro mis respetos a Oscar Schindler por lo que hizo para ayudar a sobrevivir a muchos. Si hubiese habido más gente como él, más habrían sobrevivido a la máquina de la muerte nazi.
2. En el juicio del tribunal supremo nacional de Polonia, en Cracovia, del 27 al 31 de agosto y del 2 al 5 de septiembre de 1946, Amon Goeth fue declarado culpable y colgado.

EL NÚMERO 12891

Después de salir del tren, nos pusieron en filas de cinco. Desde ese momento en adelante, iríamos de cinco en cinco. En esas columnas de cinco, marchamos a las duchas. Mientras caminábamos, vimos que se llevaban nuestras maletas en coches de caballos. Cuando llegamos a las duchas, nos desnudaron y nos despacharon con un trocito de jabón, que tenía un olor extraño. El agua estaba helada, y cuando salimos nos rociaron con una sustancia de fuerza industrial, supuestamente para deshacerse de los piojos. Después nos afeitaron por todo. Esto no me molestó hasta que vi a algunas de las chicas del otro lado de la valla que se frotaban la cabeza y lloraban por la pérdida de su dignidad. Fue, especialmente para ellas, una experiencia completamente degradante. Como si esto no fuese suficientemente deshumanizante, también tuvimos que renunciar a nuestras identidades. Sí, nos quitaron incluso nuestros nombres. Ahora éramos literalmente números. Yo ya no era un ser humano llamado Henek; era, sencillamente, el número 12891.

Junto con mi nueva identidad, ya no tenía permitido vestir con ropa civil. Me dieron un uniforme de rayas hecho de un material basto y fino. Tenía pantalones, una camisa y una gorra, junto con unos zapatos que eran poco más que trozos de madera con una cinta de plástico, pero al mirar alrededor vi a mucha gente sin zapatos. Tomé nota mentalmente de proteger los míos.

Mientras caminábamos, me sentía incómodo en mi nuevo uniforme a rayas. Los uniformes, para sorpresa de nadie, no estaban bien hechos o adaptados a la talla. Las barracas tenían unos estantes de madera de aproximadamente 25 metros de largo y 10 de ancho, con tres filas a cada lado. Teníamos que dormir en estas duras tablas. Algunas tenían mantas, algunas no. Esa primera noche supe que compartiría mi manta andrajosa con dos personas más. Justo fuera de las barracas estaban las letrinas. Nos dieron un bol de lata rojo y una cuchara a cada uno. Me hice un cinturón de cuerda para aguantar los pantalones de mi uniforme, que no me iba bien. La cuerda también me servía para atar el bol, que serviría para meter «comida y líquidos», el poco que recibiríamos de cada uno. A veces, en este bol podría meter un poco de agua para lavarme. Afilé lentamente el mango de mi cuchara: si teníamos tanta suerte como para que nos diesen mermelada con el pan quería poder esparcirla. Me aferré a estos objetos con todas mis fuerzas, porque eran mis recursos para sobrevivir.

Aprendí pronto a agarrarme a lo que tenía. Mis zuecos de madera recién asignados se convirtieron en mi cojín. Estaba en las barracas con gente de todas partes de Europa, había franceses, rusos, griegos, holandeses y noruegos. A cargo de cada bloque había un *blockälteste*, que confirmaba que las barracas estuviesen limpias, repartía el pan y se aseguraba de que llegásemos a la Appellplatz. Esos a los que habían escogido como *blockälteste* no eran amables; como otros tantos, pensaban que estarían a salvo si cumplían las órdenes de los nazis. No eran mejores de lo que había sido la policía judía, le vendían sus almas al diablo. Aprendimos que, para sobrevivir, teníamos que estar a buenas con los *blockälteste*. Intenté no destacar, mezclándome lo mejor que pude y sin causar problemas.

El trabajo estaba bajo la supervisión de los llamados *kapos*. Un *kapo* también era un prisionero; algunos eran presos políticos, algunos eran asesinos, y algunos eran judíos. El color del triángulo de sus uniformes definía su estatus. En general, a uno le iba mejor en un destacamento de trabajo con un preso político que en uno con un criminal sádico. A mí me identificaba una estrella de David.

Fue en Plaszow que aprendí a organizar. Con esto no me refiero a mantener ordenadas mis poquísimas posesiones. Organizábamos la comida extra y las cositas que necesitábamos. En esencia, trabajábamos con los demás para conseguir estas cosas que necesitábamos para sobrevivir, día a día, minuto a minuto. En cierta forma, organizar era robar. Los alemanes se habían llevado todas nuestras posesiones. Por así decirlo, trabajábamos con otros para recuperar algunas cosas esenciales.

La comida escaseaba. Cada mañana nos daban una rebanada muy seca de pan enriquecido con serrín. Había un líquido al que llamaban café, pero no se asemejaba en nada al café o a ninguna otra cosa que hubiésemos probado. Más tarde, nos daban una sopa que no tenía nada identificable dentro. Teníamos suerte si recibíamos entre 400 y 600 calorías al día. Lo que llegué a descubrir es que había un libro de recetas estándar entre los campos de concentración, de trabajo y de muerte. Era increíble que el café y la sopa fuesen los mismos cada día y en cada campo, estuviesen en Polonia, Austria o Alemania. Así que intentamos organizar más comida. El haber sido mensajero para el consejo judío en el gueto no tenía ningún valor a ojos de los nazis, no obstante, aún podía hacer de mensajero de vez en cuando. Alguna que otra vez nos recompensaban por el trabajo duro dándonos cigarrillos, que eran un producto codiciado. Yo los cambiaba por pan, porque no era fumador. Organizar fue esencial para evitar convertirme en *Muselmann*, la palabra para las personas tan demacradas, hechas polvo y desconectadas de la realidad que en esencia eran como zombis.

En Plaszow, también hice algo de trabajo manual. No era sastre ni tenía un oficio real. El trabajo manual podía ser cualquier cosa, desde cavar zanjas a llevarme cadáveres en carretas. Me aseguraba de recitar el *kaddish* del doliente muy bajito para las pobres almas que habían llegado a su final. Era completamente consciente de que la persona en la carreta era el hijo o el padre de alguien.

Los días empezaban temprano en Plaszow. Nos levantaban a las cinco de la mañana, nos mandaban a las letrinas y nos llamaban para el recuento. Bajo la mirada atenta de los *kapos*, hacía varias labores de trabajo manual cada día, excepto cuando me iba a la ciudad para hacer trabajo especial.

Sobrevivir no era fácil. Conocía a unos cuantos de los otros hombres de Boryslav y Drohóbych, además de los que había conocido en el campo de trabajos forzados. Cada uno de nosotros teníamos nuestras propias historias desgarradoras. Aunque no pensábamos que tuviésemos suficiente espacio o energía para la compasión, curiosamente sí que lo teníamos. Muchos de nosotros estábamos en situaciones similares, pero no teníamos el lujo de formar una hermandad, nos tomaba todo lo que teníamos solo mantenernos con vida.

A lo largo de mi trayecto por los campos, me encontré con gente que conocía de mi ciudad. Era agradable ver una cara conocida. Lo que había pasado nos había cambiado profundamente, ya no éramos los mismos. Siempre era mejor mantener las conversaciones superficiales: ¿de dónde eres? ¿Estás solo? Nunca sabías en quién confiar. La gente hace cosas cuando están luchando por su vida que no harían de otra forma. Me protegí a mí mismo lo mejor que pude sin perder de vista que quizás tendría que ofrecer ayuda y de que podría necesitarla.

No quería convertirme en alguien como los *kapos*. Tenía una moral rectora y me preocupaba por los demás. Siendo compasionado, había sobrevivido en el orfanato. Hice una promesa silenciosa de que, siempre que fuese posible, ofrecería ayuda y haría lo posible por mejorar un poco la vida de mis compatriotas humanos, aunque estaba determinado a no perderme a mí mismo en este calvario, sin importar el que. Era consciente de que tenía que priorizarme si quería sobrevivir.

Las noches eran lo más duro, era difícil dormir. Aunque había compartido habitación con muchos otros en el orfanato, esto era distinto. Durante toda la noche se oían lloros, balbuceos y rezos; estábamos abarrotados y no podíamos girarnos con facilidad para ponernos cómodos, era habitual irritarnos entre nosotros. Los tres niveles lo ponían difícil si alguien tenía que usar las letrinas y, de todas formas, normalmente estaba *verboten* (prohibido) después de apagar las luces.

UN DÍA EN PLASZOW

Empezó como todos los demás días en Plaszow. Nos levantaron bruscamente con los gritos habituales de «*Schnell, schnell!* ¡Moveos, *Scheissjuden*!». Sin embargo, había una sensación perceptible en el aire, un frío que me caló hasta los huesos. Era una sensación pavor profundo.

Una palabra se murmuraba de una persona a otra: selección. El número de personas del campo había subido casi a 20 000, había personas de por toda Europa y era difícil tener una conversación cuando tantos de nosotros hablábamos en idiomas distintos. Aun así, de alguna forma éramos capaces de comunicarnos. Para muchos, Plaszow era la primera parada y muchos de los «residentes con más experiencia» sentíamos que teníamos que guiar a los nuevos para mantenerlos tan a salvo como se podía estar en circunstancias tan desesperadas.

Mientras guiábamos a los prisioneros más nuevos hacia no sabíamos qué, fuimos a la selección. Muchos de nosotros habíamos aprendido suficiente para entonces como para saber que la selección no sería nada bueno. Nos obligaron a desnudarnos y desfilar por el lado de unos cuantos oficiales alemanes y, a veces, cuando lo pedían, hacer calistenia para que decidiesen si estábamos en suficiente buena forma para vivir.

Como si esta situación no fuese lo suficientemente estresante y deshumanizante, este bizarro proceso de selección se hizo con música. Aunque no sé el compositor y ni siquiera toda la letra, era algo así: «Todo pasará y las flores volverán a florecer en mayo». Fue una experiencia surrealista, como una exhibición infernal.

Una vez más, el destino intervino para salvarme. Cuando llegó mi turno, con un simple gesto con la fusta, me mandaron a la derecha. Así de simple, me concedieron aun otro indulto, había sobrevivido a un día más. Toda la vida me perseguirá el grupo de personas segregadas. Se oían lloros y gritos, estaba claro que habían separado a amigos y seres queridos.

A pesar de la agitación interior de la selección y la segregación, la vida siguió.

NIÑOS EN PLASZOW

No podía creer lo que oía cuando uno de mis amigos de mi ciudad me contó esta historia sobre Plaszow cuando yo ya me había ido de ese lugar. Me explicó que, cuando vaciaron el gueto, los que aún tenían familia llevaron a sus hijos a Plaszow. Tuvo que repetírmelo. ¡Niños en el infierno! No obstante, nunca había visto a un niño en Plaszow. Según mi amigo, le prometieron a la gente que cuidarían bien de los niños mientras ellos trabajaban. Incluso había una zona especial para ellos, era un grupo de pequeñas barracas con un patio vallado. Sacudí la cabeza mientras seguía contándome la historia, estaba estupefacto. Rebuscando en mis recuerdos, meses después de dejar Plaszow, nunca vi la zona especial, el patio o los niños.

Para entonces, la mayoría de nosotros sabíamos que no podíamos creer nada que nos dijesen los nazis, pero esos padres pensaban que sus hijos estarían a salvo. Todo fue una cruel broma. Mientras los adultos estaban ocupados con el trabajo, todo se paró por completo. Pusieron música por los altavoces, pero esta vez era un tipo de música distinto. Hubo un recuento inesperado, que dejó a todo el mundo preguntándose por qué. El recuento parecía no acabar nunca mientras la música sonaba. Sin la fanfarria habitual, los dejaron irse del recuento, y mi amigo de repente escuchó gritos y lloros. Reunieron a los niños, los metieron en furgones y se los llevaron lejos de los padres. No fue hasta mucho más tarde que mi amigo supo que a estos niños inocentes los habían metido en un transporte hacia Auschwitz para ser asesinados inmediatamente. Yo estaba insensibilizado, pero no podía negar lo que me contaba mi amigo. ¿Por qué se inventaría esto? Por lo que sabía de las tácticas nazis, esto cuadraba con el patrón. Ahora sé que realmente esto sucedió.

Más tarde descubrí que Amon Goeth estaba bajo investigación por robar dinero al Tercer Reich. Quizás esta era su forma de intentar volver a caer en gracia, enviar a aquellos que no podían trabajar a morir. Esto probablemente incluía aquella primera gran selección y el desmantelamiento del campo de niños. Desde la perspectiva de los nazis, los niños y la tercera edad eran simplemente una sangría en la economía alemana.

Cuando estaba en Plaszow, escuché rumores de niños que vivían allí. Sin embargo, mientras mi amigo descargaba esta carga emocional sobre mí, supe que esta sería una de las muchas historias guardadas en la caja fuerte de mi memoria sobre como de cruelmente los nazis trataban a los niños y el poco respeto tenían por la unidad familiar. La desesperación de ser incapaz de proteger la esposa o el hijo de uno. Al escuchar esta historia me consumió la rabia. No me podría haber importado menos el trabajo que hacía, no era más que una manera de centrar mi furia. Debía haber justicia. A veces, ese pensamiento era todo a lo que podía aferrarme, era todo lo que tenía cualquiera de nosotros. Estaba en el infierno.

Después de la guerra, testifiqué contra Amon Goeth en los juicios de Dachau. Lo sentenciaron a muerte.

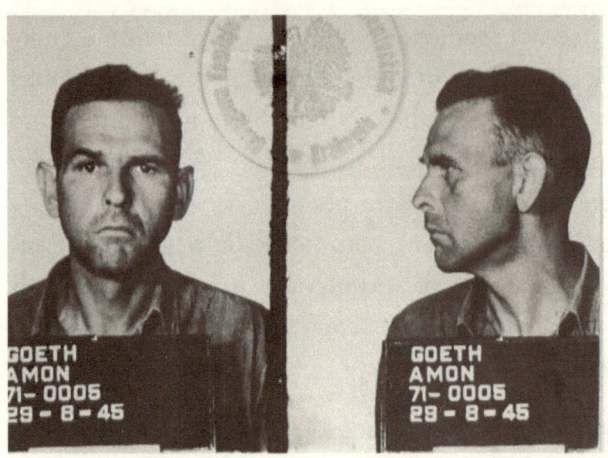

Amon Goeth como prisionero (29 de agosto de 1945), publicada por primera vez fuera de los Estados Unidos, antes del 1 de marzo de 1989, sin aviso de derechos de autor, de Wikipedia.org

WIELICZKA

Estuve en Plaszow unos cuatro meses y me marché a mediados de junio a un subcampo llamado Wieliczka. Wieliczka originalmente era una mina de sal, pero lo habían convertido en un campo de concentración poco antes de mi llegada. Se lo relaciona frecuentemente con Auschwitz, aunque está a unos 65 quilómetros. Como Auschwitz, era un campo de muerte.

Durante el régimen nazi, transportaron a varios miles de judíos desde los campos de trabajos forzados de Plaszow y Mielec hasta Wieliczka. Para cuando Wieliczka funcionaba como campo de concentración, ya habían minado la sal por la cual la ciudad era conocida. Los alemanes usaron trabajo esclavo para construir un complejo subterráneo, donde tenían planeado fabricar partes de aviones y munición. Los nazis eran expertos en esconder sus intenciones malévolas del mundo.

De muchas formas, Wieliczka no era distinto de Plaszow: las barracas eran parecidas, la jerarquía era la misma, cada barraca tenía un *blockälteste* y cada destacamento de trabajo tenía un *kapo*.

Cuanto a la estructura y la operación básicos, la vida aquí era casi idéntica: un infierno.

El trabajo se hacía dentro de una cueva en una ladera, y por lo tanto se estaba un poco más fresco que fuera, en el aire de verano. Trabajábamos hasta estar más que exhaustos. Muchos murieron como esclavos, esforzándose para construir esta planta que traería más muerte y destrucción. Nos alimentaban muy poco, cada día sentía el hambre y la sed de forma más aguda. El trabajo podía ser distinto, pero la crueldad y el sadismo eran los mismos.

Intenté con fuerza no perder mi fe en Dios. Muchas veces me preguntaba cuándo nos sacaría de este infierno. ¿Qué podíamos haber hecho para que nos tratasen con tanta crueldad? Fue en este punto que mi instrucción religiosa de mi infancia en el orfanato volvió a mí, fue como si Dios empezase a responder a mis preguntas y mis plegarias. Mientras cavaba para construir una fábrica para los alemanes, para que pudiesen autoconvencerse de que sus sueños de dominación mundial se cumplirían pronto, empecé a centrar mis pensamientos en un poder superior. Nunca estábamos en posición de cuestionar a Dios, sino que teníamos que depositar nuestra confianza y nuestra fe en Él. Los seres humanos teníamos libre albedrío. Yo era ciertamente parte de algo más grande que yo mismo. Debía tener fe y me recordé a mí mismo no perder nunca mi humanidad. Esto me lo inculcó mi madre y era el código que seguía en el orfanato. Si podía ofrecer ayuda a alguien menos afortunado, debía hacer justo eso. Solo podía honrar la memoria de mi madre haciendo lo correcto. La fe se hizo aún más importante para mí.

Me prometí a mí mismo que cuidaría de los demás, que resistiría todos los juegos que usaban para enfrentarnos. Fui catapultado atrás en el tiempo hasta el orfanato, cuando tuve que mantenerme fuerte, aunque por razones distintas. Me recordé que me había comprometido a vivir, quizás como el único superviviente de mi familia. Estaba atento a mí y a los demás. Para no darles excusas a los guardas y a los *kapos* para apalizarme, cavé y reforcé el muro de la fábrica alemana infernal y a la vez reforcé un muro mucho más duro a mi alrededor, una fortaleza de fe y esperanza.

Al final de la jornada de trabajo, salíamos de las minas en nuestras filas de cinco. Jamás olvidaré cuando mi línea incluyó un cadáver. Había incontables cadáveres, pero en ese día en particular y en esa ocasión en concreto, había uno en mi fila. Muertos o vivos, teníamos que estar en nuestra fila de cinco.

Los alemanes eran quisquillosos con los números. Sin importar el qué, tenían que salir el mismo número de trabajadores que habían entrado en la cueva, incluso si uno de ellos estaba muerto. El principio de cinco en cinco se tenía que mantener en cualquier circunstancia. Siempre estábamos con los mismos cinco. Volvíamos a las barracas y nos «recompensaban» con algo parecido a sopa que apenas era suficiente para mantenernos con vida. Al principio ya había aprendido que era mejor no estar delante en la fila de la comida, pues era más probable que los sólidos, como la carne y las verduras, terminasen en tu bol cuando más te acercabas al culo del caldero. En esas noches me dormía más fácilmente, porque finalmente me había reconciliado con Dios; ni los gritos y los gemidos ni el hedor de los cuerpos exhaustos me mantenían despierto.

EL FRENTE SE ACERCA

Mientras la guerra seguía, no teníamos noticias sobre lo que estaba pasando realmente. Era duro aferrarse a la esperanza cuando no parecía haber final a la vista. Esto había sido común desde el inicio de la guerra, pero más aún desde que habíamos entrado en los campos. Estar esclavizados, hambrientos y maltratados se estaba convirtiendo en la norma. ¿Terminaría nunca? No teníamos acceso a periódicos o radios. Hacía mucho que se había prohibido que un judío tuviese una radio. Nosotros nunca habíamos tenido una, así que no la echamos en falta.

Podíamos notar el estado de la guerra en base al estado de ánimo de los oficiales. Como peor les iba a los alemanes, más crueles eran y había menos comida, si eso era posible, cuando la guerra no iba en su favor. Llegué a darme cuenta de que la peor sensación era la sed. Si me diesen la opción preferiría saciar mi sed antes que comer algo, sin embargo, ¡no tenía opción!

Llegó un punto en que estaba claro que los alemanes iban perdiendo. Los oficiales estaban furiosos y nos obligaban a trabajar más horas, la sopa, que tenía que servir para mantenernos con vida, ya no tenía trazas de nutrientes y parecía ser agua sucia, incluso quedarse al final de la cola servía de poco. ¿Cómo debíamos sobrevivir a esto?

Mi tiempo en Wieliczka fue muy corto. Por suerte, nunca vi el fin del conjunto subterráneo. No estoy seguro ni de si llegaron a acabarlo. Los recién llegados compartieron la información de que los rusos iban ganando territorio y que era hora de que nosotros nos moviésemos más lejos. Una cosa era segura, este traslado no tenía nada que ver con nuestra seguridad. Jamás nos daban ningún tipo de información sobre qué pasaba, dónde íbamos o por qué, solo nos decían que nos pusiésemos en fila. Claro está, eso significaba de cinco en cinco.

VIAJE A MAUTHAUSEN

El día en que nos empujaron y nos llevaron a golpes hacia las vías de ferrocarril hacía más calor que en ningún otro día que hubiese experimentado hasta ese momento o que haya vivido desde entonces. El tren estaba formado por vagones de ganado. Nos empujaron y nos metieron dentro. Cuando pensábamos que ya no cabía ni un alfiler, conseguían cargar a más gente a mi vagón; allí donde no debían meter más de 80 personas, o 60 reses, había como mínimo 130 personas. Encontramos la forma de arreglarlo, sentándonos unos encima de los otros, de lado y con la espalda de uno contra el torso de otro. Había hombres de todas las nacionalidades, religiones y edades. No pasó mucho hasta que la gente estaba llorando, pues sufrían de una sed insaciable. Aunque estábamos hambrientos, nuestros únicos pensamientos en el vagón de ganado eran de agua.

En un esfuerzo para descubrir a dónde nos llevaban, levantamos a un hombre hasta una apertura muy pequeña y con una rejilla, la única ventilación que dejaba entrar aire en el vagón, para que buscase pistas. Parecía que nos íbamos de Polonia, pero solo podíamos especular sobre dónde íbamos.

De vez en cuando, el tren se paraba. Fue en una de esas paradas que escucharon nuestras súplicas por agua; en retrospectiva, creo que esta fue la única vez que recibí agua durante los traslados. No me había deshecho de mi taza roja y oxidada, que ahora parecía encontrarse entre mis posesiones más preciadas. A mi lado estaba sentado un hombre mayor, quizás de unos 50 años. Era raro ver a un hombre de esta edad, especialmente uno en tan mala forma, vivo. Por lo que sabía, podría haber sido más joven, estas circunstancias tienen una forma de envejecer el cuerpo. Estaba temblando, ganaba y perdía la conciencia, con la cabeza apoyada en mi cuerpo. Me pregunté si debía de estar realmente en un lugar mejor, casi cualquier otra realidad tenía que ser mejor que esta. No tenía taza, así que no le dieron su ración de agua. Yo cogí la punta de mi camisa, la mojé en el poco que tenía y le limpié la cara para traerle al menos algún consuelo. Como cualquier otra víctima de esta pesadilla, era el padre, el hermano, el hijo de alguien. Le aguanté la cabeza con el brazo y le di un poco de mi agua. Empezó a recuperarse y levantó la vista hacia mí, inquisitivo. «*Varoom?* ¿Por qué?». No sabía qué cuestionaba. ¿Nuestra situación? ¿Nuestro medio de transporte? No tenía nada que decir a parte que instarle a que bebiese un poco más de agua. Yo era joven y estaba en mejor forma. No me quedaba mucha, pero compartí con él lo que pude. Cuando desembarcásemos del tren, no quería que fuese un cadáver en mi fila de cinco. También quería seguir siendo el hijo que mi madre reconocería. Esto era todo lo que me quedaba para darle. Durante el resto de este viaje, me convertí en el cuidador autoproclamado de este hombre.

El tren continuó por la vía hasta que uno de los pasajeros vio una señal y nos llamó al resto: ahora estábamos en Austria. Debía de haber pasado un día. Una vez más, paró la música del tren que corría por la vía, «muerte, muerte, muerte». Nuestro vagón de ganado, junto con los demás, se paró. Se abrieron las puertas e inmediatamente soldados con pistolas en las manos nos tenían en el punto de mira. El mensaje estaba claro: no os atreváis a moveros ni un centímetro. Junto a nuestro tren, en una vía paralela, había un transporte militar. Su tren no se parecía en nada al nuestro. A través de las puertas abiertas, oímos los gritos de la Gestapo: «Tirad a los muertos del vagón».

Estas palabras se me quedaron grabadas en la mente. Estos muertos eran personas, seres humanos, o lo habían sido antes de convertirse en un montón de cuerpos de los que deshacerse: le importaban profundamente a alguien, en algún sitio. Me rompió el corazón escuchar esas palabras sin corazón. Todo lo sagrado para nuestra fe, poco a poco, los nazis lo profanaban. En nuestra fe, el transporte del cuerpo de los muertos se hace a través de un ritual muy específico y preciso. Ellos se burlaban de nosotros, incluso muertos. Mientras sacábamos los cuerpos, se podían oír sollozos junto a los gruñidos de incomodidad.

Mientras tanto, el calor del sol de agosto seguía cerniéndose sobre nosotros implacablemente. Si hubiese habido agua en el compartimento, estaría hirviendo, y los gemidos de sed solo aumentaban en intensidad y desesperación. Llegó un punto en el que ya no podía fiarme de mis propios ojos y orejas. Un soldado de la Wehrmacht de alto rango se acercó al SS a cargo y señaló nuestra aflicción y nuestra sed.

- ¿No oye a la gente llorar? - dijo.- ¿No puede darles algo de agua?

Sin inmutarse, el Gestapo simplemente le preguntó al soldado si quería unirse a nosotros. Con eso, vimos como se alejaba nuestra esperanza de aliviarnos. El intercambio entre los oficiales me abrió los ojos: quedaban al menos unas cuantas almas honradas en este infierno, no todos los soldados alemanes eran malvados.

ARBEIT MACHT FREI. MAUTHAUSEN

Sin comida ni agua para los pasajeros, nuestro tren siguió moviéndose, y la horrible música siguió sonando mientras rodábamos por las vías: «sed, sed, sed», «muerte, muerte, muerte». Finalmente, el tren se paró por última vez, y los gritos familiares de «Schnell, schnell» volvieron a llenar el aire. Siempre intentaba salir del vagón de ganado entre los primeros, así probablemente no me pegarían tan severamente. «Mach schnell, mach schnell!». Habíamos llegado a Linz, Austria. En nuestra habitual formación, caminamos durante varios quilómetros hasta el siguiente campo. Estábamos destrozados, pero aun así intentábamos dar apoyo físicamente a los que se debilitaban por segundos. Continuábamos siendo prisioneros del Tercer Reich y ahora éramos prisioneros del campo de concentración de Mauthausen.

Donde fuera que me girase, la gente hablaba en idiomas diferentes. Vi a gente de Hungría y me chocó inmediatamente la relativa corpulencia de sus cuerpos. Al parecer, la guerra no les había pasado factura como a mis compañeros polacos. Muchos húngaros que vi parecía que se habían librado del impacto del antisemitismo. Quizás allí los judíos habían sido protegidos durante más tiempo.

Me dio la impresión de que no estaríamos en Mauthausen durante mucho tiempo, parecía funcionar más como un almacén de provisión de seres humanos. Los ángeles de la muerte, o médicos, nos examinaban de la manera más deshumanizante posible para ver si aún podíamos trabajar, si no, nos asesinarían. En Mauthausen había cámaras de gas y formas de deshacerse de los cuerpos. Los hornos parecían echar llamas hacia al cielo. Los nazis continuaban escondiendo sus crímenes incinerando a los asesinados. Era posible matar a 80 personas a la vez en la cámara de gas. Los crematorios eran la bestia de carga de cualquier campo de concentración. Al llegar había un zumbido en el aire. Podía distinguir lloros, balbuceos y gritos. Se me llenaron los ojos de lágrimas, y allí estaba el olor dulce y punzante que viene con la carne quemada. Jamás podré borrar este olor de mi mente, no importa cuánto viva.

Una vez más, marchamos en nuestros grupos de cinco para que nos registrasen. Me dieron una nueva identidad: el número 84503. Después, nos llevaron a las duchas. Yo ya no tenía nada conmigo excepto mi taza, cuchara y zapatos y los oficiales podían mentir sobre si me los devolverían. Simplemente me mandaron a la ducha sin pretensión alguna. Cuando acabé de ducharme, no había toallas, pero el aire estaba tan caliente que nos secamos rápidamente. A pesar de la ducha, no me sentía limpio por culpa del hedor. A ritmo del «Mach schnell! Mach schnell!» nos despacharon desnudos, de cinco en cinco, para que nos volviesen a rapar la cabeza. Nos rociaron con un líquido desinfectante que me escoció el cuerpo recién afeitado. No podía entender por qué pasaba esto. ¿Qué nos hacía distintos de los otros seres humanos? Se hablaba de la raza aria. Era raro, yo tenía el pelo y los ojos claros, típicos de muchas personas polacas. Era una locura. Seguí perdido en mis pensamientos, pero sumamente consciente de mi entorno, para poder camuflarme fuera de las barracas. Mi supervivencia dependía de ello.

Las barracas eran más grandes de las que recordaba del último campo. No había paja, solo la dureza inflexible de la madera. La jerarquía era la misma. Una vez más, teníamos que aguantar las crueldades casuales de los *blockälteste*, esos idiotas ilusos a cargo de las barracas que se habían autoconvencido de que su alianza con los nazis los dejaría exentos del destino al que nos afrontábamos el resto de nosotros.

Me hice con mi lugar para dormir ¡y no me podía creer mis ojos cuando vi a mi querido amigo Jurek, de casa! Por fin, una cara familiar en medio de la locura. Me dormí con Jurek a mi lado y mis zapatos como almohada, como siempre.

TRABAJO EN MAUTHAUSEN

Me desperté con el sonido de las porras golpeando las barracas y alguien que gritaba «Raus, raus! Schnell, schnell!». Ya era de día. No me lo podía creer, pero alguien me había robado los zapatos, ni Jurek ni yo habíamos visto ni oído como había ocurrido. No tenía más opción que echar mano de otro par de una pobre alma que ya no los necesitase. Aunque estuviese muerto, sentía culpa por usar sus zapatos. A las 5 de la mañana, nos movimos hasta las letrinas. No nos llevó mucho tiempo, porque no nos daban suficiente líquido como para generar mucho más que un chorrito de orina. Era la misma rutina de siempre: de cinco en cinco, «Schnell, schnell!», con los improperios habituales. Nos habían contado a todos, incluidos aquellos lo suficientemente afortunados como para morir durante la noche.

Hice la cola para recibir una rebanada de pan aún más pequeña y un poco de líquido marrón y claro y comí rápidamente, estaba demasiado hambriento como para considerar siquiera guardar un poco para más tarde. Cogí a Jurek por banda, con la esperanza de poder intercambiar unas cuantas palabras sobre nuestro hogar. Me dijo que se habían llevado a su madre a Belzec y que sospechaba que la habían matado. Me informó de que el único propósito de Belzec era matar. Asentí con comprensión y me quedé sin aire. ¿Quién sabe cuántos de nosotros compartíamos esta misma historia? Resultó que Jurek había estado un tiempo luchando en la resistencia. Nos susurramos, formando un pacto de que a la próxima oportunidad intentaríamos escapar. Éramos muy conscientes de que un intento de huida sería suficiente para que nos matasen pero ¿qué diferencia había?

Los guardas de las SS nos estaban separando en grupos para un destacamento de trabajo. Junto con sus gritos, había golpes y empujones; «*Scheissjuden, Hund*, por aquí, por aquí!». El *kapo* guio a nuestro grupo a una cantera. No me podía creer lo que veía: esto no era un destacamento de trabajo normal, no era el típico trabajo esclavo para apoyar los esfuerzos de guerra de los nazis. Era un trabajo pensado específicamente para matarnos, para que trabajásemos hasta morir.

Teníamos que coger una roca, subir 154 (aunque hay estudios que indican que había 186 escalones, yo estoy seguro de que eran 154) escalones hasta arriba, dejar la roca y volver a bajar. El calor opresivo lo convertía en un trabajo casi imposible. Nos pegaban y nos insultaban mientras trabajábamos. Oí un grito y vi a un hombre caerse desde arriba junto con su roca. Un guarda lo había empujado sin motivo aparente. Las risas de otros guardas hacían eco en la cantera. La magnitud completa de este destacamento de trabajo finalmente me entró en la cabeza: nos iban a matar sin necesidad de gastar balas. Éramos solo una cinta transportadora que entregaba cadáveres. Este era el trabajo, esto era lo que habíamos venido a producir, nuestros propios cuerpos sin vida. Escuché la voz de mi madre en mi cabeza, que me instaba a seguir: «Debes vivir, Henek».

Uno de mis recuerdos de Mauthausen que está conmigo hoy en día tiene que ver con los suicidios que presencié, impotente y paralizado. Los hombres se tiraban a la valla electrificada o se colgaban dentro de la barraca. Estos humanos habían perdido toda la esperanza, la muerte parecía mejor que vivir en esas condiciones. No teníamos noción de cuando terminaría este calvario, si terminaba. Para ellos, la muerte era una escapatoria de la tortura de vivir. Todo lo que podía hacer era renovar mi promesa de sobrevivir y recordar mi humanidad hacia los otros.

Subir escaleras con una roca pesada solo para dejarla arriba se quedó grabado permanentemente en mi cuerpo y alma ese día. Para el final del primer día, habíamos perdido más de veinte almas. Nos eligieron a Jurek y a mí para traer a uno de los fallecidos. Como siempre, teníamos que mantener nuestras formaciones de cinco en cinco, y teníamos que volver con el mismo número de personas con el que habíamos empezado. Cuando me giré hacia Jurek, parecía que había envejecido veinte años.

Para cuando volvimos al campo, la población había crecido. Las personas nuevas trajeron buenas noticias sobre la guerra: Alemania perdía, los soldados nazis ahora morían a miles. Por fin, teníamos algo que celebrar, alguna razón tangible para continuar teniendo esperanza y aguantando. Mi estancia en Mauthausen fue breve, como había sospechado, estuve allí entre seis y diez días. La población del campo estábamos como sardinas en lata y pronto me transportaron a mi siguiente localización.

Prisioneros en Mauthausen © *Bundesarchiv*, imagen 192-269 / CC-BY-SA 3.0 (http://creativecommons.org/licenses/by-sa/3.0/de/deed.es), a través de Wikimedia Commons

MELK

De vuelta en el vagón de ganado, nos transportaron a las afueras de Melk, que está a unos 60 quilómetros de Viena. Para entonces, me estaba acostumbrando más a viajar así de lo que podría haber imaginado jamás. Nos trataban como animales (peor que animales, realmente), así que tiene cierto sentido que viajásemos en vagones pensados para animales. Por lo menos empezaba a refrescar. Sin embargo, teníamos calor, hambre, sed y estábamos cansados. Marchamos de cinco en cinco aproximadamente cinco quilómetros hasta el campo de concentración de Melk. Los que aún estábamos vivos habíamos desarrollado un concepto de lo que era normal completamente distinto y tristemente distorsionado.

Quedaban menos y menos personas de casa. Con cada traslado, nos presentaban a personas diferentes. En ciertas circunstancias lo único que teníamos en común era que éramos judíos, otras veces solo se nos consideraba indeseables para la llamada raza superior. Con este solo crimen, estábamos unidos, marcados y condenados.

Mientras llegábamos a Melk, me preparé para la rutina que había aprendido con la experiencia: salir del tren lo más rápido posible para evitar los golpes de los soldados y los mordiscos de los perros. Miré a mi alrededor y reuní un grupo de cinco. Mientras los alemanes estuviesen a cargo, teníamos que marchar de cinco en cinco.

Dimos nuestros números por turnos, que eran los mismos que en Mauthausen. Yo todavía era el 84503. Esto era todo lo que era por lo que a ellos respectaba, el número 84503, propiedad del régimen nazi. De cinco en cinco, partimos hacia las duchas. Fue en ese momento que me fijé en unas cuantas caras familiares de mi ciudad.

Una vez más, nos afeitaron, rociaron con ese mismo desinfectante que escocía, y nos dieron un uniforme nuevo. Era el mismo tipo de uniforme a rayas de antes. En vez de recibir de vuelta mi uniforme sucio, podía llevar el uniforme sucio de otra persona. No veía la lógica, ¿pero qué diferencia había? Ya no tenía sentido aplicar la lógica a nada. La siguiente parada era ir a que nos marcasen. Uno de los prisioneros, de voz suave, me dijo que le diese el brazo. Tatuaron «KL» en mi muñeca, de *Konzentrationslager* o campo de concentración.

Va contra la ley judía llevar tatuajes. Esto era aún otra forma que tenían de degradarnos y diezmar nuestras creencias. El mensaje estaba claro, que nuestro lugar estaba a la par con las reses, o incluso más bajo. Más adelante descubriría que Auschwitz era el único campo de concentración que tatuaba los números en los antebrazos de los prisioneros. Mientras caminaba, en shock y enfurecido, llevé mi muñeca a mi boca y succioné la tinta. Continuaría haciéndolo durante los días que seguían. Ni en broma dejaría que me marcasen. Esto no tiene nada que ver con mi religión, no se debe marcar a los seres humanos. En ese punto estaba preparado para vivir o morir, y arriesgarme a escapar, el «KL» de mi muñeca me estigmatizaría como prisionero. También me pasaba por la cabeza que quería sobrevivir y explicar al mundo lo ocurrido a los judíos de Europa. No viviría mi vida con un tatuaje. Hoy en día, tengo un indicio muy pequeño en la muñeca, no se ve a menos que lo señale, e incluso así tienes que fijarte mucho.

Cuando tuve mi oportunidad, me acerqué a dos hombres de mi ciudad. Estaba contento y aliviado por ver caras familiares. En mi grupo quedábamos tres, así que cogimos a dos hermanos para completar nuestros cinco. Ahora estábamos listos para marchar hacia las barracas. Una vez más, eran iguales: tablas de madera utilizadas para la máxima capacidad. Vi unas cuantas mantas, pero no suficientes para todo el mundo. Dormir era difícil porque estábamos amontonados y durante la noche había los gemidos, gritos y toses habituales. Estaba sorprendido por mi propio olor corporal y el olor de los de que me rodeaban. ¿Volvería a sentirme limpio jamás?

La estructura era la misma, como siempre. Había *kapos* para el trabajo y *blockälteste*. No recuerdo el nombre de nuestro *blockälteste*, pero había aprendido que esta gente era bastante predecible.

Una vez más, nos despertaban muy temprano y nos levantábamos con prisa para ir a las letrinas, el único lugar donde había algo de calor. Para entonces había aprendido a aferrarme a mi taza de lata y a mis utensilios. Sin ellos, no podría comer nada.

Después del recuento, comíamos: el mismo menú penoso que consistía en pan hecho con serrín y un líquido inidentificable que podría haber sido café o té, dependiendo de tu habilidad y tu voluntad para despertar tu imaginación. ¿Podía uno imaginar que ese líquido era una sopa de pollo espesa servida para dar la bienvenida al *sabbat*? No, es difícil de imaginar cuando tu cuerpo entero está en modo de lucha o huida.

Después venían una serie de instrucciones, todas a gritos: «¡Rápido, rápido! ¡Comed, comed! ¡En fila para el trabajo! ¡Marchad!». No tenía ni idea de qué íbamos a hacer. Finalmente, supe que íbamos a las cuevas, a otra fábrica bien oculta para fabricar munición y partes de aviones. Estábamos escondidos para que la máquina de guerra alemana continuase funcionando. Volvíamos a trabajar para «la causa».

Mientras valoraba mi nuevo ambiente de trabajo, me di cuenta de que teníamos a *kapos* que nos vigilaban, además de trabajadores civiles. La mayoría de los trabajadores civiles no eran mejores que los *kapos*, los guardas y los soldados de las SS respecto a como nos trataban. Parecía que, sin importar quién estuviese al mando, nuestras vidas y condiciones de trabajo eran igual de nefastas. Uno de los *kapos* se alzó al poder cuando lo soltaron de la prisión por asesinato, cosa que indicaba su triángulo, mientras que la chapa de otro reflejaba su estado como delincuente no violento, quizás era un traidor al Tercer Reich. Su actitud era un poco más suave.

En este campo, muchas personas perdieron la vida por culpa de los desprendimientos de arena ocasionales, probablemente por culpa de la falta de formación y experiencia. No había ingenieros a mano con los conocimientos o la experiencia necesarios para fortificar estas plantas subterráneas y crear unas condiciones de trabajo seguras. Ciertamente, a los nazis no les importaba, mientras se produjesen munición y partes de aviones a un ritmo satisfactorio.

Los prisioneros recién llegados se reúnen en la Appellplatz del campo de concentración de Melk
© Museo Conmemorativo del Holocausto de Estados Unnidos, Archivos nacionales y administración de documentos, College Park, fotógrafo desconocido, 1944-45

TRABAJO BAJO TIERRA

«Raus! Schnell, schnell!». Las mañanas se difuminaban la una con la otra. De pie otra vez antes del amanecer, a las latrinas para calentarse un momento, y después a la Appellplatz, donde hacíamos fila para el pan y el «café». Esa mañana en particular nos dieron una sorpresa especial: algo para untar el pan. No recuerdo si era margarina, queso o mermelada, solo sé que era distinto, calorías que nos salvaron la vida, quizás. Un pensamiento me cruzó fugazmente la mente: esperaba que esta sorpresa extra no significase que la guerra iba bien para los nazis. Comimos rápidamente y nos pusimos en nuestra formación de cinco, presentándonos ante el *kapo* a cargo de nuestro trabajo.

Nuestra tarea aquel día consistía en construir un túnel subterráneo. Uno de mis amigos me llamó la atención y señaló unas bolsas de cemento vacías. Antes de darme cuenta, cogió una para cada uno. Otros ya habían descubierto la finalidad de las bolsas: aislamiento. Recuerdo pensar que, a pesar de las caras demacradas, otros que trabajaban con nosotros parecían un poco más gordos. Rápidamente, las bolsas vacías ya no estaban y nuestras finas prendas del uniforme estaban rellenas. Nuestra ropa servía solo para cubrirnos los cuerpos, no teníamos más protección contra los elementos implacables: ni chaqueta, ni guantes, gorros o botas. Yo aún tenía los zuecos, pero no calcetines. Ahora, con un poco de ingenuidad y buena suerte, teníamos aislamiento contra las temperaturas heladas y los vientos amargos de las montañas austríacas.

Nos hacían trabajar duro en este campo. La comida era tan mala como siempre. Estábamos hambrientos, sedientos, cansados y débiles, y las chinches y los piojos nos comían vivos. Pero había aun otro peligro al que nos enfrentábamos: la disentería. A parte de la debilidad y el desequilibrio de electrolitos que viene con la diarrea crónica, nos deshumanizaban aún más, porque ni el *kapo* ni ninguno de los trabajadores civiles nos daban un momento para salir afuera para aliviarnos, a pesar de la aparición de esta enfermedad grave. No teníamos más opción que «ir» allí donde estábamos, sin parar de trabajar. Después de todo, estábamos trabajando para el esfuerzo de la guerra, y los alemanes, que de cada vez estaban más desesperados, necesitaban toda la ayuda que pudiesen conseguir.

Los derrumbes no eran para nada poco comunes. Sin embargo, en una ocasión en particular, el peso de la arena provocó que se rompiera la cinta transportadora. Nadie podía hacer nada. Esta cinta era esencial para nuestro trabajo, sin ella, no podíamos continuar, así que lo único que podíamos hacer era sentarnos y aguardar órdenes. Esto era una ocurrencia inusual. La primera respuesta de los civiles, antes de comprobar el bienestar de nosotros los humanos, fue averiguar cómo repararla. Nos delataron a los guardas como si hubiese sido culpa nuestra que la cinta se hubiese roto.

De las numerosas veces en las que me agredieron, este día permanece conmigo, y sí, esta es la palabra, agresión. Cuando se pegan puñetazos, porrazos o latigazos a los seres humanos, es agresión. Fuese o no culpa nuestra que se hubiese roto la cinta transportadora, no importaba. Era como si esa cinta rota hubiese provocado la derrota de Alemania. Me apalizaron tan brutal y repetidamente que estuve dolorido durante semanas. Esta ha sido la peor paliza que me han dado nunca. Al haber crecido en un orfanato donde eran habituales los castigos físicos, era insensible hasta ese momento a los golpes y latigazos constantes mientras trabajaba, pero esta paliza me dejó sin aliento con la simple magnitud de su salvajismo. Esta vez no estaba solo, formaba parte de un grupo. Tuve que ser testigo de la ferocidad de los golpes que recibieron mis compañeros, sabiendo que pronto me pegarían de la misma forma. Quince latigazos despiadados en mi espalda desnuda. Qué humillante es que te peguen latigazos sin ropa encima.

Después de la paliza, nos llevaron a otra zona para continuar trabajando hasta el recuento. Volvimos al campo para realizar la misma rutina: recuento en la Appellplatz, las barracas, las raciones y las tablas de madera dura que servían como cama.

Dormir fue difícil esa noche. Estábamos unos encima de otros, con muchos problemas de estómago y digestivos importantes. Lloros, gemidos, rasguños y gritos perforaban el silencio de la noche. El hedor era abrumador a causa de la falta de tiempo y de materiales para el aseo y la higiene adecuados, combinado con la diarrea que manchaba nuestra ropa. Todo el mundo estaba al límite, no había forma de que cooperásemos y nos ayudásemos. Estaba agradecido de tener por lo menos un amigo de mi ciudad con quien quejarme. Nuestra amistad se hacía de cada vez más importante para ambos.

EL HORROR CONTINÚA

Nos dijeron que estaba prohibido usar bolsas de cemento debajo de los uniformes. «Os ralentizan» nos dijeron. Si encontraban a alguien con una bolsa de cemento bajo la ropa, el castigo era la muerte.

Era una decisión dura. Podía llevar la bolsa de cemento y estar abrigado, enfrentándome a una muerte inmediata si me descubrían, lo que por lo menos sería el final de esta miseria perpetua; o podía pasar frío y seguir muriendo a un ritmo insoportablemente lento. Opté por quitarme la bolsa. Un chico de mi ciudad decidió seguir llevando la suya, una decisión de vida o muerte.

Hicieron una segunda amenaza de que, si la población del campo no lidiaba con este infractor, segregarían a los judíos a sus propias barracas. La población del campo consistía en seres humanos que las mentes distorsionadas de los nazis consideraban indeseables. Había testigos de Jehová, griegos, italianos, gente discapacitada y judíos; también eran corrientes los presos políticos y los asesinos. Creo que la población de la prisión era mayoritariamente judía, aunque en nuestras propias barracas había diversidad. Seguramente una barraca de solo judíos resultaría en más abuso.

Enviaron al chico de barraca en barraca para que los prisioneros se encargasen de él. Para cuando había pasado por la mitad, se lo llevaron y nunca volvimos a saber de él.

Por desgracia, esta estrategia correctiva era bastante común. A discreción de los vigilantes alemanes, se señalaban algunos prisioneros para que los demás los apalizasen a muerte. Algunos eran asesinados mientras dormían, mientras que a otros se los mandaba de barraca en barraca, donde los golpeaban hasta matarlos. Se me ocurrió que estas mismas personas, en otras circunstancias, jamás habrían ni pensado en hacerle daño a otros. Nos robaron nuestras posesiones, nuestras familias, nuestra dignidad y nuestras vidas; también nos estaban quitando nuestra humanidad. Decidí que no participaría en este espectáculo terrorífico para los nazis. Había muchos otros que también pensaban de esta manera.

Poco después de este incidente, mientras trabajaba bajo tierra, una de las montañas de arena cedió. Pararon el trabajo en esa zona hasta que otros se unieron a nuestra partida. Codo a codo, trabajamos hasta el final del día. Cuando todos los grupos se alinearon, como era costumbre, de cinco en cinco para el recuento, nos faltaban tres hombres. Nos contaron y volvieron a contar, pero no importaba como lo hiciesen, en mi grupo faltaban tres hombres.

Contaron y recontaron durante horas. Estábamos exhaustos y hambrientos y la noche se iba convirtiendo en día poco a poco. Uno de los *kapos* preguntó al otro si, cuando había colapsado la arena, había hecho un recuento para asegurarse de que estuviesen todos sus trabajadores. Esta pregunta se hizo a su vez a los trabajadores civiles. Un encogimiento de hombros vago reveló la poca compasión que tenían por los trabajadores que faltaban, todos seguramente muertos. Una vez más, nos recordaron hasta qué punto éramos prescindibles e insignificantes.

Por fin, encontraron a los tres hombres enterrados en la arena, muertos. Ahora los números cuadraban y se había restablecido el orden. La búsqueda de los hombres desaparecidos había ocupado toda la noche y parte de la mañana, así que no íbamos a volver al campo. De cinco en cinco, volvimos al trabajo sin dormir ni comer.

LA HUMANIDAD DENTRO DE LA VALLA

Continuamos con nuestro trabajo agotador, con una lamentable falta de comida y de cuidados médicos. El hambre y la sed prevalecían, la disentería era de cada vez más frecuente. No teníamos calendarios ni ninguna forma de saber qué día o qué mes era. El frío, la lluvia y la nieve nos daban cierta idea de la época del año. No parecía haber fin a la vista.

Para sorpresa de nadie, el suicidio era común. Nos dieron órdenes estrictas: «Si los judíos quieren suicidarse, dejadlos. Se nos están acabando las balas».

Destaca un incidente de mi época en Melk. Era la hora de comer y un amigo de mi ciudad había recibido su pan. Sufría de diarrea severa y sus efectos secundarios, y recordó el remedio casero estándar: ¡tostadas! Se fue a las letrinas, el único lugar con calor generado por una llama, e intentó tostar su pan. El *blockälteste* lo pilló y le quitó el pan para dárselo a otro prisionero de nuestra barraca.

En el orfanato, había aprendido que, si castigaban a alguien quitándole una ración, esa persona comería mejor que el resto de nosotros, porque todos le daríamos a ese niño un poco de lo nuestro.

Mientras pensaba en mi amigo, el receptor de ese trozo de pan extra se acercó a mí y me lo dio para que se lo devolviese. Incapaz de encontrar a mi amigo, caminé a las barracas llamándolo varias veces. Vi una sombra y dije: «¿Qué te pasa? ¿Por qué no respondes cuando te llaman?».

Cuando me acerqué, vi que estaba colgando por su cinturón de una de las literas del nivel más alto. Sin perder un minuto, usé el mango de mi cuchara, el que había afilado, para cortarlo y bajarlo. Me tranquilicé al ver que aún respiraba. No lo culpé ni juzgué, sabía que había un máximo de lo que podía soportar un ser humano. Cuando el *blockälteste* entró preguntando por el ruido, le expliqué lo ocurrido. Su única respuesta fue: «¿De dónde has sacado el cuchillo?».

Por lo que recuerdo, pudimos organizar un poco de medicina para ayudar a mi amigo y su caso grave de disentería. El hombre que había devuelto el pan había demostrado una gran capacidad de autocontrol, además de compasión. Estábamos muriendo de hambre, y un trozo de pan extra podía suponer una diferencia. Había una norma no escrita de que nunca te comías el pan de otra persona. Las circunstancias, por horrible que fueran, no habían cambiado a mi amigo ni le habían robado la humanidad. Ojalá poder decir lo mismo del *blockälteste*.

CONVERSACIÓN CON UN OFICIAL ALEMÁN

Un día, un oficial alemán me paró para hacerme una pregunta. Yo me quité el gorro inmediatamente y bajé la vista:

- ¿Quién eres?- me preguntó.

- Soy un judío polaco- respondí.

- ¿Dónde naciste?

- En Polonia.

- ¿Así que eres polaco?- inquirió.

- No, señor, soy un judío polaco- dije.

Repetimos este intercambio durante un rato, y sentía como se acumulaba mi ira, aunque obviamente iba con cuidado de mantener la compostura. Finalmente, le pregunté si yo podía preguntarle algo.

A esto, respondió, enfadado:

- ¡Cómo te atreves a hacerle una pregunta a un oficial alemán del Tercer Reich!- Sin embargo, me concedió la pregunta.

Intenté elegir mis palabras con cuidado, pero había algo que anhelaba entender desde el inicio de esta situación, y vi esto como una oportunidad de articular esta pregunta esencial.

- Yo soy polaco- dije,- no he cometido otro crimen más que ser judío. ¿Por qué estoy aquí?

Allí estaba, por fin. Fuera de mi corazón, en el aire. ¿Por qué estaba ahí? ¿Por qué estaba ahí ninguno de nosotros? ¿Por qué nos ocurría esto? Hubo un silencio incómodo, y pasó un momento. El oficial se dio la vuelta y se marchó caminando sin decir una sola palabra. Lo consideré un triunfo, y supe que esta breve conversación era suficiente para que me matase. Quizás era mi imaginación, pero me gusta pensar que tenía algún tipo de conflicto interior con lo que hacía Alemania, y con su parte en esa causa.

Llegué a darme cuenta de que no todos los alemanes eran nazis. La gente tenía miedo. Un soldado alemán nunca sabía quién estaba a su alrededor. ¿Quién era un seguidor de verdad? ¿Quién le había jurado lealtad a Hitler? Quizás ese oficial alemán se creía la propaganda, quizás no. Fuese como fuese, durante lo que duró una conversación, este oficial alemán quizás estaba intentando darle sentido a esta locura a su manera.

MARCHA MORTAL

Era el 19 de abril de 1945, y la primavera empezaba a revelar su gloria en las montañas austríacas. Las flores se abrían, el verde volvía a los árboles y los pájaros volaban libremente. Seguíamos en el mismo infierno, por supuesto, pero había algo en la primavera que nos traía esperanzas de nuevos inicios y, a pesar de mi situación, empecé a sentir que las cosas estaban a punto de cambiar.

El frente se acercaba, e íbamos a ser evacuados de Melk. Mi taza y mis utensilios para comer, que llevaba atados al cinturón, parecían hacerse más pesados cada día mientras marchábamos hacia el río Danubio. Nos metieron en barcos, que nos llevaron río abajo. En cualquier otra circunstancia, uno se habría maravillado ante la belleza de nuestros alrededores.

Una vez bajamos del barco, marchamos en nuestras columnas de cinco durante tres días enteros sin agua ni comida. No podía ni imaginar la imagen que debíamos de dar mientras el frente se acercaba a nosotros por tres lados.

A los que estaban demasiado débiles como para seguir el ritmo los disparaban allí mismo. Con cada quilómetro, pisábamos y pasábamos cuerpos que, para los nazis, eran solo más obstáculos del camino. Los disparos eran habituales. Si alguien parecía al borde de la muerte o estaba demasiado débil para caminar, los alemanes optaban por una bala.

Sin tiempo suficiente para descansar nuestros cuerpos, que estaban fatigados y desanimados más allá de lo descriptible, nuestros cinco se convirtieron en nuestro único apoyo. Nos ayudábamos los unos a los otros lo mejor que podíamos, cambiando posiciones silenciosamente para aguantar a los más débiles de los cinco. Sabíamos que este calvario pronto llegaría a su fin, de una forma o de otra.

Durante esta marcha, oí las voces de mi madre y mi hermana que me instaban a seguir: «Continúa, debes vivir». Sus palabras, sus voces, se convirtieron en mi fuerza impulsora. Le recé a Dios que me diese fuerzas para aguantar. Dios respondió a mis plegarias y conseguí llegar a la siguiente destinación: Ebensee.

Vista aérea del campo de concentración de Ebensee © Museo Conmemorativo del Holocausto de Estados Unidos, cortesía de Gisela Wortman, 1 de mayo de 1945

EBENSEE

No podía creer mis ojos. Al atravesar las puertas del campo de Ebensee en Austria, la combinación de olores y visiones era casi demasiado para soportarla. Escaneé el cielo mientras el humo subía, cubriendo las nubes con las cenizas de más víctimas inocentes. Pensé en las almas que ascendían al cielo. ¿Quiénes eran? ¿De dónde eran? ¿Sabía alguien que estaban aquí? Ese olor horrible de los cuerpos que se quemaban, ese olor terrible y dulce que delataba a gritos la muerte de inocentes me volvió a la realidad. El hedor parecía quedarse dentro de mi nariz y fluir por mi sangre. Parecía permear cada poro, cada célula de mi cuerpo.

Estaba en medio de la destrucción de la población judía de Europa. En este campo rodeado de hermosas montañas austríacas, los cuerpos estaban apilados por todas partes, algunos horriblemente hinchados, otros tan diezmados que se podían contar los huesos como cerillas. En una esquina había un montón de pelo humano, pelo que usarían para rellenar el colchón de una familia alemana para que tuviesen algo blando debajo. El mayor atractivo de una mujer, cortado para el confort de la raza superior.

. . .

Las chimeneas se estiraban hasta el cielo, trabajando día y noche, emitiendo lo que quedaba de las víctimas en el aire. Otra vez, pensé en las familias, o lo que quedase de ellas, negadas de la práctica de su fe en las costumbres de entierro tradicionales.

El campo de Ebensee parecía abarrotado hasta arriba. Lo habían construido para que cupiesen entre 7000 y 8000 personas, no obstante, parecía que había aproximadamente tres veces más. Estaba lleno tanto de vivos como de muertos. Habían construido las barracas para meter a 100 personas en cada una, pero las ocupaban cerca de 700. Inmediatamente, nos quedó claro que dormiríamos en el suelo, si dormíamos siquiera.

Cuando caminábamos por la noche, era imposible decir si pisábamos el suelo o cuerpos humanos. Me irritó que los guardas tuviesen la audacia de cubrirse la cara con un pañuelo de tela. Después de todo, eran cómplices en la muerte de todas y cada una de esas víctimas, que ahora no eran más que una ofensa para sus sentidos.

Según algunos cálculos, morían 350 personas cada día. Algunos morían a causa del duro trabajo, otros a manos de los nazis y los guardas de diferentes entornos. Los guardas no alemanes venían de varios países de toda Europa, incluidos, pero no exclusivamente, Ucrania, Polonia y Lituania. Lo que todos tenían en común eran el prejuicio y el odio hacia los seres humanos diferentes. Sin importar la forma de morir, no cabía duda de quién era el responsable.

La minúscula cantidad de comida que nos daban era aún otra señal de que los nazis perdían la guerra. Los destacamentos de trabajo ya no estaban relacionados con los esfuerzos de la guerra de Alemania; mi trabajo consistía casi en su totalidad de cargar cuerpos a las carretillas. Cuando nadie miraba, susurraba el *kadish* del doliente. No sabía si estas personas tenían a nadie vivo que pudiese recitárselo, era mi deber como hombre judío rezar por aquellos que ya no caminaban sobre la tierra. No pasó mucho hasta que otros se me unieron. Mientras rezaba, mis pensamientos estaban siempre con mi propia familia, mi madre, mi hermana, mi hermano y mi cuñado. También mis tres medio hermanas, que no tenía ni idea de qué les había ocurrido.

En un esfuerzo para deshacerse de los cuerpos y del olor, los que estaban al mando encontraron un medio más rápido y eficiente: cavar fosas comunes. Entonces, los alemanes echaban cal y agua en el cráter, y muchos cuerpos eran enterrados de esta forma.

No sentíamos la misma urgencia que sentían los alemanes. Mientras se preparaban para huir, intentaban cubrir sus huellas de todas las formas posibles. Estaba claro que los guardas estaban preocupados, casi frenéticos, a medida que pasaban los días y su derrota se acercaba. A pesar de los esfuerzos para enterrar e incinerar los cuerpos, los montones seguían multiplicándose.

Los prisioneros de Ebensee tenían que construir enormes túneles subterráneos en los que se almacenarían trabajos de armamento. Las condiciones de trabajo eran inhumanas. Continuábamos perseverando día tras día, con una extraordinaria falta de comida y agua para sustentarnos. Organizaba lo que podía, pues no quería ser un *Muselmann*. Uno podía sentir en el aire que las cosas cambiaban rápidamente. Todos sabíamos que la guerra le pisaba los talones a Alemania. Si solo podíamos aguantar un poco más...

Visión del crematorio en Ebensee © Museo Conmemorativo del Holocausto de Estados Unidos, cortesía de Lillian Pressman, 1 de mayo de 1945

EL PRINCIPIO DEL FIN. LA TORRE DE BABEL

En Ebensee supimos que las cosas no les iban bien a los alemanes. A lo largo de abril de 1945, la comida siguió menguando, había menos guardas de las SS jóvenes, el ejército Wehrmacht, formado por lo que parecían soldados mayores, muchos de los cuales lucharon también en la Primera Guerra Mundial, ahora trabajaban como guardas. Algunos no eran tan duros como habían sido sus predecesores, pero aún teníamos bastante claro que éramos prisioneros. Un día oímos ruidos extraños, el zumbido constante de una aeronave. El suelo literalmente retumbó y se sacudió cuando cayeron las bombas. La combinación de este sonido maravilloso y el tiempo más cálido de la primavera nos dio una sensación de esperanza, a pesar del humo interminable y ese olor dulce y enfermizo que seguía saliendo de las chimeneas.

Mientras tanto, la población de Ebensee continuaba creciendo, así como los montones de cuerpos. Me preguntaba de dónde salían. La enfermedad y la inanición seguían cobrándose muchas vidas, como también lo hacían las cámaras de gas y las balas de las pistolas de los guardas de las SS. Mientras abril pasaba a mayo, los crematorios aún no podían mantener el ritmo y los cuerpos seguían acumulándose en montones enormes, con las extremidades enredadas de forma horrible.

El 6 de mayo, nos llamaron para que nos reuniésemos en el lugar del recuento. El comandante del campo nos habló, supuestamente porque quería asegurar nuestra seguridad ante los bombardeos de los Aliados. Lo único que podía pensar yo era que solo les preocupaba su propia seguridad. Cualquiera de ellos nos podía disparar con la misma facilidad con la que se abrochaban las chaquetas. Nos exigió que nos moviésemos a las cuevas cercanas en los Alpes austríacos que rodeaban el campo, donde estaríamos a salvo de las bombas que caían.

Nos quedamos quietos, negándonos a obedecer mientras se corría la voz de un idioma al otro de que las cuevas estaban minadas. Los nazis continuaban intentando todo lo posible para eliminar las pruebas de sus crímenes monstruosos, pero habíamos oído los avisos, nos mantuvimos firmes y nos quedamos allí donde estábamos. No nos importaba volver a las barracas, pero nos negábamos a ir a las cuevas.

Ese día no hubo trabajo, y yo me tomé un tiempo para echar un buen vistazo a mi alrededor, a mis hermanos condenados. Éramos judíos, cristianos, testigos de Jehová. Lo que teníamos en común era que todos éramos enemigos del Tercer Reich. Mientras mis ojos pasaban de una persona a la siguiente, vi que algunos estaban enfermizos, otros eran *Muselmänner*. La mayoría estaban ahí parados con la mirada vacía y eran poco más que esqueletos andantes. Muchos ya no poseían un juego de ropa completo: unos solo tenían las camisas del uniforme, otros solo los pantalones. Dominaban las enfermedades. Algunos, a pesar de su aspecto grave, aún tenían un fuego detectable en los ojos. Era el fuego de la resistencia, un ardiente deseo de seguir vivos.

Más tarde ese día, oímos unos sonidos extraños. Junto con los demás, corrí afuera para ver qué era esa conmoción. Me quedé en shock al ver tanques que entraban a Ebensee. ¿Qué era esto? ¿Eran refuerzos del ejército alemán? Entrecerrando los ojos para ver a lo lejos, me fijé en que estos tanques tenían estrellas blancas. Esto era algo que ni yo ni los demás a mi alrededor reconocíamos. Sabíamos que los vehículos militares rusos llevaban una estrella roja, pero ¿qué país llevaba una estrella blanca? Furgones, coches y soldados empezaron a entrar, y por fin vi rojo, blanco y azul, ¡los colores vivos de la bandera americana! Sí, la estrella blanca de los tanques Sherman era la estrella blanca de la libertad. ¿Era posible que la liberación estuviese aquí?

Pronto lo escuché con mis propios oídos: «Ahora sois libres». Apenas podíamos creer lo que oíamos, pero no había forma de equivocarnos con el mensaje. Nos había liberado la poderosa e infame 80ª división (batallón 702, 3ª armada, 80ª división) del ejército de los Estados Unidos.[1]

Cuando miraba a los soldados de Estados Unidos, muchos tenían lágrimas que les corrían por la cara, superados por la magnitud del sufrimiento y la crueldad que estaban presenciando. Algunos se quedaron parados, como en shock. Había muertos por todos lados, muchos amontonados, la mayoría desnudos. Supervivientes desesperados les habían cogido la ropa y los zapatos. A esto nos habían reducido para poder sobrevivir. Los soldados americanos vieron la inanición generalizada y nos prometieron comida. Nos avisaron de que debíamos comer lentamente. Por desgracia, no todo el mundo pudo seguir este consejo y muchos literalmente comieron hasta matarse.

Ahora se había dado la vuelta a la tortilla. El trato de los *blockälteste* y los *kapos* era más que inaceptable. Nos habían estado tratando como ningún ser humano debería tratar a ninguna criatura viva. A la hora de nuestra liberación, un grupo de prisioneros se volvió contra un *kapo* que era infame por su crueldad, y lo apalizaron y apuñalaron hasta matarlo. En medio de este arrebato violento repentino, varios soldados americanos intentaron intervenir, suplicando a las víctimas recién liberadas que dejasen seguir el proceso legal. «Pero ¿hubo sistema legal para nosotros o nuestras familias, que fueron todas asesinadas a sangre fría?» alguien preguntó a los soldados. ¿Qué podían decir? Se hicieron a un lado y nunca volvieron a decir palabra. Los pensamientos llenaron mi mente. A cierto nivel, sabía que esto estaba mal, pero la forma en que nos habían tratado era atroz.

Giré la cabeza en otra dirección, justo a tiempo para ver a un soldado alemán que entregaba su arma y su perro. Cerca de él había varios hombres liberados. Ni una sola persona se volvió contra él, pues era conocido como un individuo que intentaba tratarnos con dignidad y respeto. Los recién liberados estaban cerca suyo como para protegerlo de la violencia de esos no tan familiarizados con su naturaleza amable.

Yo tenía solo 19 años y sabía con certeza que mi madre, mi hermana y mi cuñado habían muerto todos a manos de los nazis. También había oído que había una gran probabilidad de que mis medio hermanas y sus familias, que vivían todas en Varsovia, estuviesen entre los muertos. No estaba seguro sobre mi hermano, pero no tenía esperanzas.

Empecé a llorar. Éramos libres, pero no sabía dónde iría o a quién podía acudir. De repente, el peso de estar solo en el mundo se me vino encima. Volvía a ser un huérfano. Había perdido años de mi vida, años durante los cuales podría haber aprendido un oficio o haber cortejado a una chica. Me di cuenta de que había crecido rápidamente.

Polonia ya no era una opción para mí. En cierto momento estuve orgulloso de ser un ciudadano polaco. Sin embargo, Polonia y su gente se habían puesto contra nosotros en cada rincón. En Polonia no había nada más que miseria para mí. Me habían quitado mi hogar y a mi familia, ¿dónde me llevaría la vida?

---

1. La famosa foto con prisioneros demacrados que se tomó el día de la liberación de su campo es realmente una foto que se tomó en Ebensee el 6 de mayo de 1945.

LA VIDA SIGUE

Me quedé en el campo un poco más. Vi como el gobierno estadounidense obligaba a la gente alemana y austríaca a venir al campo y ver por sí mismos lo que la llamada raza superior les había hecho a otros seres humanos. Obligaron a los anteriores agentes de nuestra miseria a cavar tumbas para los cuerpos que quedaban. Esto fue difícil para mí, pues incluso liberados, se les negaba a los muertos sus ritos judíos de entierro. ¿Dónde estaban sus familias? Aún con el uniforme de la prisión, caminaba casi diariamente en procesión para enterrar a los nuestros.

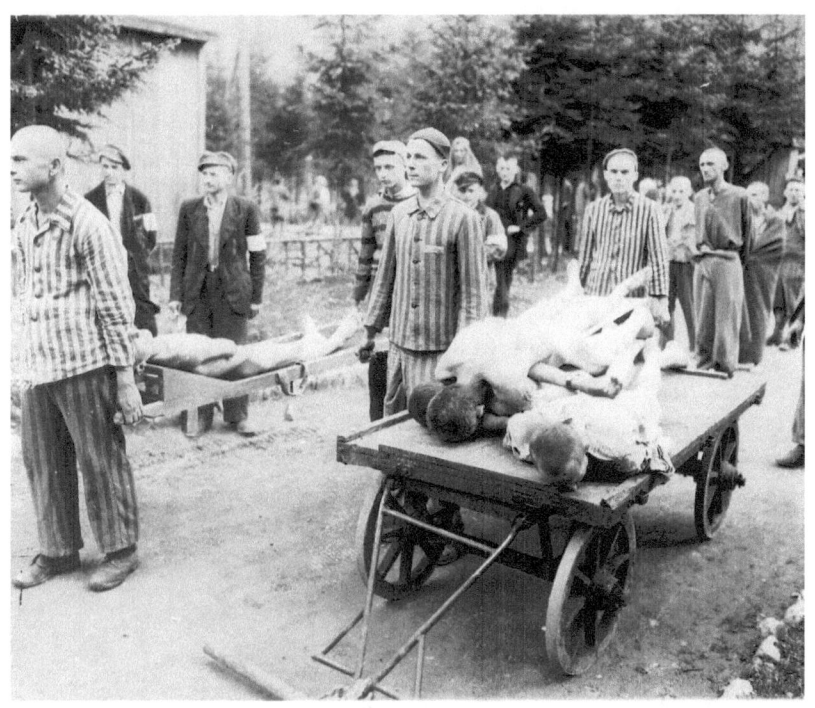

Los supervivientes, con los uniformes del campo, sacan a los muertos en carretillas y camillas en el recién liberado campo de Ebensee, 7 de mayo de 1945. Hank Brodt es el sexto desde la izquierda, parcialmente oculto, con el uniforme de prisionero, gorra y brazalete © Museo Conmemorativo del Holocausto de Estados Unidos, cortesía de Arnold E. Samuelson

Para los que eran judíos, recitaba el *kaddish*, pues ahora se llamaban a los números junto con nombres y los cuerpos emparejados con ellos se colocaban en el suelo. También lo recité por mi madre y mi hermana. Por una vez, pude cantar la plegaria con voz alta, porque no había nadie cerca listo para pegarme un latigazo por mi fe.

El ejército de los Estados Unidos hacía todo lo que podía para mejorar el campo de concentración para nosotros, encargándose de las necesidades de decenas de miles de supervivientes. La Cruz Roja vino, junto con cuidados médicos para los que lo necesitaban. El ejército construyó duchas para poder limpiarnos los años y capas de suciedad. No importaba cuanto me quedase en la ducha, la tristeza y el trauma no se podían limpiar. Tuve que vestir con mi uniforme hasta que el ejército consiguió ropa civil. Por primera vez en años, me trataban como a un ser humano. Me saludaban educadamente con una sonrisa o un apretón de manos.

Estaba claro que, desde el 6 de mayo de 1945, quedé en deuda con los Estados Unidos de América por ponerme otra vez en pie. Estaba ansioso por aprender inglés. Como antes, miraba y escuchaba, pero esta vez intenté aprender inglés porque quería, no como el idioma alemán, que había aprendido por miedo.

Los supervivientes hablan con los soldados estadounidenses en Ebensee © Museo Conmemorativo del Holocausto de Estados Unidos, cortesía de Eugene S. Cohen, 8 de mayo de 1945

Un día, un amigo y yo decidimos ir a la ciudad. No muy lejos del campo, una mujer nos paró y nos preguntó si queríamos ir los dos a cenar. En un principio estábamos dudosos, comprensiblemente sospechábamos aún de los nacionales austríacos y alemanes. Hablamos entre nosotros y decidimos que el miedo ya no debía gobernar nuestras vidas, así que aceptamos la invitación graciosamente. Sentí como me ponía rojo cuando nuestros anfitriones nos dijeron que no tenían ni idea de lo que había ocurrido en los campos. Estoy seguro de que vio la expresión de nuestros rostros. Tan diplomáticamente como era posible, dije que cada día más de 2000 esqueletos en vida habían pasado por su casa de camino a hacer trabajo esclavo. ¿Cómo podía habérselo perdido? ¿Cómo podía hacer tal afirmación ahora? Estaba en la cuerda floja, no quería insultar a nuestra anfitriona, pero tampoco quería animar su negación sobre lo que había pasado y su complicidad en ello.

Civiles austríacos obligados a cavar tumbas para los cuerpos hallados en Ebensee © Museo Conmemorativo del Holocausto de Estados Unidos, cortesía de Dennis Beck-Berman, 8 de mayo de 1945

TRABAJO ALOJAMIENTO

Mientras caminaba de vuelta al campo, vi a un grupo de soldados americanos y les pregunté si había algún empleo. Me dijeron que no tenían dinero para pagarme, pero me ofrecieron un sitio para quedarme y comida a cambio de trabajar. Yo ya tenía suficiente de los campos, quería hacerme lo más independiente posible. Me asignaron labor de cocina y yo hacía mi trabajo con gran orgullo.

Lentamente, empecé a aprender inglés. También había algunos soldados judíos, algunos de los cuales hablaban un poco de yidis. Nos apañábamos. Me sentía más cómodo con cierto grupo que formaban parte de una compañía. Otra señal de que nos trataban como a seres humanos: podía decidir con quien hablar y pasar el tiempo. Cuando este grupo hizo las maletas para seguir hacia Alemania, me fui con ellos. Terminé en Wolfratshausen (cerca de Föhrenwald, en Bavaria), un antiguo campo de trabajo que los Aliados habían reconvertido en un campo de personas desplazadas.

Retrato de grupo de los supervivientes de Boryslav y Drohóbych, que se han reunido en el campo de personas desplazadas de Föhrenwald para conmemorar «el cuarto aniversario de la primera matanza en el gueto de Boryslav-Drohóbych» © Museo Conmemorativo del Holocausto de Estados Unidos, cortesía de George Oscar Lee, 6 de noviembre de 1946

Cuando llegué allí, no podría haber predicho el papel tan crucial e importante que tendría ese lugar en mi vida. Conocí un soldado estadounidense, el sargento Carl Nusbaum. La familia de Carl había escapado de Alemania justo cuando empezaba a cambiar el panorama político. Parecía que nos entendíamos mutuamente, y pronto nos hicimos amigos. Antes de volver a América, el sargento Nusbaum me prometió que enviaría un afidávit con una invitación para que fuese a los Estados Unidos. Se lo agradecí, pero había experimentado que cuando la gente dice algo con intenciones nobles, no significa que lo cumplan.

Mientras seguía trabajando para el ejército, conocí a una chica encantadora y vivaz, Ruth Slome, que trabajaba en Föhrenwald. Se había casado recientemente, pero igualmente entablamos una conversación. Ruth era de Checoslovaquia y, aunque su familia cercana había sobrevivido, muchos de sus otros parientes habían muerto. Un día, Ruth me invitó a cenar a su hogar. Me hizo sentir como en casa. Conocí a su marido Bruce, a sus padres... y a su preciosa hermana pequeña, Kathe.

Kathe tenía unos grandes ojos marrones que parecían ver hasta el alma. Antes de darme cuenta, y para mi sorpresa, me encontré contándole mi historia. Ella escuchó y, con los ojos que le brillaban por la emoción, me aseguró que ahora estaba a salvo, mientras elogiaba mi determinación y resiliencia.

Esa noche volví a la base, pero no pude dormir durante horas, pues mis pensamientos volvían a la increíble mujer que había conocido y a todo de lo que habíamos hablado. Cuando finalmente me dormí, soñé con mi madre. Sentí como si estuviese en la habitación. En el sueño, mi madre me sacudía, instándome a levantarme e ir al trabajo porque tenía una esposa a la que mantener. ¿Una esposa?

No me cabía duda de que mi madre me había mandado el mensaje de que Kathe era la mujer para mí. El mensaje en ese sueño era inequívoco, así como su presencia en el cuarto.

Después de la liberación y de la neutralización del ejército alemán (aunque Estados Unidos no declaró el fin de la guerra contra Alemania hasta principios de 1950), yo, junto con otros, fui llamado a testificar en Cracovia para los juicios de Dachau. Se había dado la vuelta a la tortilla y fui testigo contra Amon Goeth, el que había sido comandante de Plaszow. En Dachau me llamaron para testificar contra el *obersturmfürher* de las SS, Friedrich Hildebrand (nacido en 1902) y contra otros que formaron parte de la campaña asesina de los nazis. Me costó mucho el prospecto de reabrir heridas que apenas empezaban a curarse, pero sabía que tenía una obligación hacia esos asesinados bajo la vigilancia y por capricho y comando de los nazis. Aguanté para compartir con el mundo como el odio había matado a mi familia y a mucha más gente. En 1953, Hildebrand recibió una sentencia de ocho años por sus crímenes contra la humanidad. ¡Ocho años! Me quedé impactado. Parecía que no mucho había cambiado.

Años más tarde, en 1967, recibí una petición para ir a Bremen, Alemania, a testificar contra uno de los crímenes contra la humanidad cometido por Hildebrand y otros. En el tribunal, ante un jurado de tres jueces, la primera pregunta que me hicieron fue qué idioma usaría para testificar. Para entonces, ya era estadounidense y, como estaba orgullosos de mi país, elegí hacerlo en inglés. Durante mi testimonio, me di cuenta de que el intérprete alemán no traducía mis palabras correctamente. Entendí que esta distorsión de mi testimonio podía ser un factor en el veredicto, y lo corregí en alemán tan educadamente como pude. El fiscal estuvo de acuerdo conmigo. Sin embargo, uno de los jueces se levantó y dijo, enfadado:

- ¿Pueden creerlo, este hombre que habla perfecto alemán y solicita un intérprete?

Miré a este juez a los ojos y, con la dignidad de un estadounidense, me encogí de hombros. Me habían llamado para testificar. En mi país, tenemos libertad de expresión. Elegí el inglés como el primer idioma de mi país. Sabía que el antisemitismo no había muerto. Solo quería salir de allí. No obstante, la justicia estaba servida. Hildebrand, seguramente uno de los hombres vivos más sádicos, recibió cadena perpetua por sus crímenes contra la humanidad.

ESTADOS UNIDOS

Para mi gran sorpresa, el sargento Nusbaum cumplió su promesa: recibí un afidávit y una invitación para ir a Estados Unidos. Carl y su esposa Berenice firmaron su intención de avalarme y apoyarme.

Mientras subía al barco, le prometí a Kathe que me mantendría en contacto. Después de unas semanas en el mar, acompañadas por un grave mareo, finalmente llegué a la ciudad de Nueva York el 17 de marzo de 1949. No podría haber estado más impresionado, esos neoyorquinos eran muy hospitalarios. Llegaba un barco lleno de inmigrantes, y tenían un desfile. ¡Increíble! No era tan inocente realmente, pero me encanta contar esta historia en broma. Realmente era el día de San Patricio. Incluso así, me fijé en el contraste. En Estados Unidos, ahora estaba en un país que celebraba la diversidad de verdad.

Hank cuando partió hacia América para empezar su nueva vida (marzo de 1949)

Fieles a su palabra, los Nusbaum me acogieron en su hogar. Como he mencionado anteriormente, mi independencia era muy importante para mí: llegué el martes, 17 de marzo de 1949, y al lunes siguiente ya tenía trabajo como oficinista de embarques, por lo que cobraba 30 $ a la semana. Aunque agradecía su generosidad, era importante para mí hacerme mi propio camino cuanto antes mejor. Ahora que tenía trabajo, necesitaba encontrar un lugar para alojarme. Con un poco de ayuda para navegar los problemas del idioma, encontré una pensión donde pagaba 22 $ a la semana de alquiler.

Disfrutaba de mi independencia y era feliz por estar ganando dinero. Intentaba seguir adelante y enterrar los recuerdos traumáticos de mi pasado con una vida productiva en el presente. Para mí era vital mantenerme en el presente, pero esto nunca ha sido fácil.

Durante mi tiempo en Nueva York, me encontré con algunos de mis amigos de mi ciudad. Decidieron mudarse a Chicago y querían que me uniese a ellos. Después de hablarlo con Carl y Bernice, y de gran cantidad de introspección, decidí dar el paso. Era un hombre soltero trabajando duro para echar raíces en el país que había sacrificado a tantos hombres por nuestra libertad. Mis amigos y yo teníamos mucho en común, pues muchos de nosotros éramos los únicos supervivientes de nuestra familia. Teníamos un vínculo que no podía romperse jamás, uno que nadie más entendía. ¿Cómo podían? Conseguimos mantener nuestras promesas de seguir en contacto.

Cuando llegué a Chicago, me mudé al piso de un amigo y encontré empleo en un taller mecánico cobrando 54 $ a la semana. Compartía el alquiler y pronto disfrutaba de mi nueva vida.

SALUDOS DEL TÍO SAM

Una tarde, cuando llegaba a casa del trabajo, encontré una carta que me esperaba. Era un sobre oficial del gobierno de Estados Unidos. Aunque todavía no era un ciudadano, me habían llamado a filas. No necesitaba pensarlo dos veces, estaba orgulloso de servir en el ejército de los Estados Unidos de América. Le debía más que gratitud por mi libertad, y esta era mi oportunidad de devolver algo, de «pagar por mí mismo», por lo menos en parte.

Preparé una maleta y conduje de vuelta a Nueva York para presentarme en Fort Hamilton. La armada me ofreció muchas oportunidades. Pude sacarme la secundaria, pues solo había ido a escuela hasta séptimo; también tenía la oportunidad de aprender un oficio. Me aproveché por completo de esta buena fortuna. Pronto me había graduado del instituto y había aprendido a soldar y a manejar un torno.

Me llamaron a filas durante la guerra de Corea, donde serví desde octubre de 1950 hasta el 14 de octubre de 1952, y consecuentemente estuve en la reserva activa durante tres años más. Cuando recibí mi orden de marchar, me quedé en shock: me iban a estacionar en Alemania. Estaba orgulloso de servir al país que me había liberado, pero sobrecogido por tener que volver a pisar tierra alemana. Los altos mandos conocían mi situación y mi historia y me dieron la oportunidad de solicitar un cambio de destinación. Cuando comprendí que las destinaciones se basaban en la necesidad, lo acepté y realmente estuve orgulloso de volver a Alemania vestido con el uniforme de la armada de Estados Unidos. Claro está, también tenía una intención oculta: quería intentar reavivar mi romance con Kathe.

Para entonces ya hablaba alemán fluido, el idioma que Kathe y su familia usaban en casa. Pasar tiempo con ella y su familia mejoró aún más mis habilidades, que demostraron ser de gran beneficio en el ejército. No había pasado mucho desde la Segunda Guerra Mundial, y la guerra contra Alemania solo empezaba a finalizar oficialmente. Pude pasar información valiosa sobre varios temas a los jefes. Renové mi romance con Kathe y, como soldado americano, me casé con ella en agosto de 1952. Tuvimos algunos obstáculos difíciles, pero pudimos superarlos todos. Me llevé a mi esposa de vuelta a Nueva York.

Día de boda en Alemania (agosto de 1952)

NUESTRA VIDA EN POCAS PALABRAS

Kathe se adaptó bien a la vida en América. Su hermana Ruth y su marido Bruce ya vivían en la ciudad de Nueva York. Kathe era muy cercana a sus padres, así que les escribía regularmente. Como soldado estadounidense, pude traer muchas de sus cosas para que se sintiese como en casa. Kathe era, sencillamente, brillante. Hablaba muchos idiomas, todos con acento nativo. Aprendió inglés de un profesor de Inglaterra, así que al principio hablaba con un maravilloso acento británico. Desde el momento en que me casé con ella, cada día cuando volvía a casa del trabajo ella ya tenía preparada la cena. Hablábamos de nuestros sueños y esperanzas como pareja, esforzándonos por no mirar atrás.

En los años que siguieron, Kathe y yo tuvimos dos preciosas hijas. Evelyn, la mayor, se casó con Stuart Lenoff en 1976 y tuvo dos hijos: Wayne y Kaitlyn. Kaitlyn se casó con Richie Horwith en 2012, Wayne se comprometió con Miriam en julio de 2015 y se casaron en marzo de 2016. Puedo decir felizmente que pude bailar en ambas bodas y compartir estos acontecimientos dichosos.

. . .

Evy se graduó de la Universidad de Tennessee con un título en educación especial, que le permitía ser profesora y siguió con su educación para convertirse en asesora académica. Dejó las aulas y ahora es directora de orientación en una escuela de Florida. La describiría como la hija con el don de la paciencia.

Deb, la más pequeña, siempre se ha interesado por el Holocausto. Se graduó de la Universidad de la Mancomunidad de Virginia con un título en trabajo social y un máster de trabajo social de la Universidad de Fordham. Está casada con Dan Donnelly, un teniente de policía jubilado. Desafortunadamente, no pudieron tener hijos, pues Deb sufre de muchas enfermedades autoinmunes. Sin embargo, ella y Dan gozan de malcriar una multitud de perros. Deb disfruta de su trabajo como trabajadora social en un entorno educativo, con un pequeño consultorio privado donde se especializa en trauma.

Como es el caso para muchas madres, las hijas de Kathe se convirtieron en su mundo. Nos hicimos una solemne promesa mutuamente de que no importaba que pasase, nuestras hijas irían primero. Los objetivos de Kathe eran tener una familia, una casa y, algún día, una educación. A través de mi trabajo como carpintero y una serie de empleos adicionales, pudimos comprarnos una casa en los suburbios de Nueva Jersey.

Kathe, a quien le habían negado una educación como a mí, se sacó la secundaria y después hizo un examen que, junto con su experiencia vital, la colocó en el tercer año de la universidad. Se graduó suma cum laude con un grado en contabilidad, pero Kathe no se quedó allí. Hizo el examen de CPA (contable público certificado) y recibió una de las tres notas más altas del estado de Nueva Jersey. Para entonces, tenía trabajos para elegir. Cogió un puesto en una pequeña firma de contabilidad que le encantaba.

Pero no todo fue un camino de rosas. Durante su último año de la carrera, diagnosticaron a Kathe con cáncer de ovarios en estadio 4.

No hace falta decir que este fue un golpe devastador para nosotros. Con cirugía y radioterapia, aguantó durante cuatro años hasta que el cáncer volvió a sus huesos y, en cuestión de meses, se propagó por todo el cuerpo. Hubo más tratamiento y Kathe luchó tanto tiempo y con tanto valor como pudo hasta que la perdimos en 1978.

Después de vivir como viudo durante 22 años, encontré compañía en Aida, una inmigrante rusa. En abril del 2000, estábamos casados. Dejamos el hogar que había conocido durante la mayoría de mi vida en la zona de Nueva York/Nueva Jersey y, con mi nueva esposa, me mudé a Hight Point/Greensboro, en Carolina del Norte. Mis hijas no estaban contentas con la mudanza, pues ya no viviría cerca de ellas, pero yo sentía que era lo que necesitaba.

No fue un proceso de adaptación fácil, al principio me sentía bastante solo y aislado. Eventualmente, me uní al templo Emmanuel y entablé amistad con el rabino Fred Guttman. El rabino fue fundamental en conseguir que compartiese mi historia. Al principio, me daba empujoncitos suaves, que se fueron haciendo más insistentes con el tiempo. La población de supervivientes estaba muriendo, esta era una historia que debía ser contada ¿y quién mejor para hacerlo que un verdadero testigo, alguien que había podido sobrevivir a las atrocidades que sucedieron en los campos? Lentamente, por la insistencia del rabino y con su apoyo, empecé a revelar mi historia.

En 2006, me invitaron a acompañar a un grupo de adolescentes de la Marcha de los Vivos, un evento anual que coge a gente de alrededor del mundo y la lleva a aprender sobre el Holocausto y sus raíces malvadas. Por primera vez desde que me marché, volvería a Polonia. Con algunas dudas comprensibles, finalmente acepté la invitación del rabino. En el fondo, sabía que era importante enseñar a la generación más joven sobre el genocidio visitando los varios campos. Desde Polonia hasta Israel, marchamos, celebrando la vida y en honor a esos cuyas vidas se habían sesgado trágicamente.

Estoy contento de que mi relación con mi nieto Wayne haya crecido y se haya desarrollado a través de la Marcha de los Vivos. Me acompañó dos veces. Mi nieta, Kaitlyn, es igual de especial para mí. Kaitlyn se llama así por mi difunta esposa, y es la niña de mis ojos, como se dice. De muchas formas, me recuerda a mi juventud, cuando mis dos hijas eran mucho más jóvenes. Kaitlyn es una persona franca, siempre sabes dónde te encuentras con ella.

Estoy agradecido de que mis hijas tengan maridos que las quieren. Por el tiempo que pasé viviendo en Nueva Jersey, obviamente he pasado más tiempo con Danny, es un verdadero caballero que cuida bien de Deb. Admiro su trabajo construyendo cubiertas y el trabajo que hace por la casa. Es obvio que hay amor y respeto entre ellos. Si las circunstancias hubiesen sido distintas, Danny y Deb habrían sido unos grandes padres. Veo como cuidan de sus perros y su compromiso por ayudar a los demás a través de sus respectivas carreras profesionales habla mucho de sus personalidades.

Mi hija mayor lleva casada desde el 1976, tanto ella como Stuart son padres maravillosos. Stuart es el compañero de Evy para todo. Ambos tienen carreras profesionales, y lo he visto hacer las mismas labores del hogar que ella en su casa. Es obvio que sus hijos son lo primero en sus vidas, ambos son padres natos. Fue conmovedor ver como abrían sus corazones y su hogar a las familias de las parejas de sus hijos. Tanto Evy como Stuart trabajan duro en sus trabajos de la educación. En su futuro no muy lejano se encuentra una jubilación bien merecida.

Estos días, me mantengo ocupado hablando en escuelas, centros comunitarios, iglesias, universidades, bases militares y centros cívicos. Cuando no doy charlas, juego a tenis y voy al gimnasio, quiero que mi cuerpo funcione tan bien como mi mente. Estoy orgullosos de ser miembro de la comunidad del templo Emmanuel. Hace unos años, cuando atendíamos un festival, el rabino me llamó para presentarme a un caballero mayor y me dijo que este señor había servido en el ejército durante la Segunda Guerra Mundial y que había ayudado a liberar un campo de concentración. Por supuesto, esto despertó mi interés, y le pregunté qué campo.

— Ebensee— respondió.

— ¡Me liberaste!— dije yo. ¿Qué más podía añadir?

Durante más de siete décadas, las experiencias que tuve en los campos penetraron la mejor defensa que pude armar e hicieron camino hasta mi conciencia. Aún tengo pesadillas, a veces me despierto en el suelo. Mi hija Deborah, que es terapeuta, me ha recordado con gran compasión en numerosas ocasiones que, aunque sea resiliente, las pesadillas son normales, dada mi historia de exposición prolongada a trauma complejo. Quizás lo que dice es cierto, pero esto no hace que sea más fácil aguantarlas cuando vienen.

Muchas veces me preguntan por qué creo que sobreviví. Ojalá supiese la respuesta a eso, por qué sobreviví y otros de mi familia no. Los alemanes normalmente mataban a los mayores, los abuelos, los padres y los discapacitados; yo era joven, sano y capaz de trabajar. Crecer en un orfanato me dio conocimientos de la calle, que dicen ahora. Era observador e intenté mantenerme invisible. En un momento se volvió muy importante para mí sobrevivir a esa situación, pues quería contarle al mundo lo que le estaban haciendo a gente inocente.

LA BÚSQUEDA DE FAMILIA

Desde que acabó la guerra, he intentado encontrar a miembros de mi familia. A principios de 1960, dos primos de parte de mi padre me encontraron. Me quedé en shock al saber que todavía tenía familia. No los recordaba, quizás porque era muy joven la última vez que los había visto. Cuando llegaron naranjas de Israel, las repartí entre la gente del edificio, celebrando las increíbles noticias de que tenía familia que había sobrevivido.

Más adelante, mi hija Deborah me ayudó mucho en mi búsqueda. Le escribimos a cualquier persona posible, siguiendo cualquier camino que pudiésemos encontrar. La Cruz Roja dio un paso adelante y realizó un servicio de rastreo propio. Por desgracia, esto fue un callejón sin salida. Varias personas nos tradujeron cartas para el consulado y el ejército rusos en busca de mi hermano. Una vez más, salimos con las manos vacías. Con cada año que pasaba, había otra vía abierta para buscar a familiares, cada vez, el resultado era cero.

Llegué a la conclusión de que era el único superviviente de mi familia inmediata, sino me habrían encontrado. Estaba en un punto en el que estaba listo para dejar de buscar, pues no sacaba nada más que decepciones, pero mi hija continuó con su búsqueda frenéticamente, y cuando tiene algo en la cabeza, es muy difícil distraerla. Yo vacilaba entre la ira y la esperanza mientras seguía cualquier camino para encontrar rastro de nuestra familia. Como descubriríamos pronto, no todo estaba perdido. Mientras yo estaba ocupado con la difícil tarea de compartir mi historia con una nueva generación, no tenía ni idea de lo que estaba pasando en Nueva Jersey. Mi hija Deborah cuenta su historia aquí:

Mi marido, Danny, se me unió en la búsqueda de familiares. Cada mayo íbamos a la semana de la policía en Washington D. C. para mostrar nuestros respetos a los cuerpos policiales que habían muerto como parte del cuerpo. Cada año, íbamos al Museo del Holocausto y subíamos para investigar, pero sin resultados.

A finales de 1990, apareció un artículo en el periódico local sobre dos primos que se habían encontrado después de la guerra a través de la página web JewishGen Family Finder. No le vi nada que perder y me registré. Al principio, la única respuesta fue el silencio. Finalmente, a finales de abril del 2007, recibí una consulta de alguien llamado Oleg. Su mensaje era el siguiente:

Querida Deborah,

Me pregunto si tienes alguna relación con Simcha, hijo de Nachman Brodt. Si es así, por favor, ponte en contacto. Si no, siento molestarte.

Oleg

Pegué un grito y me puse a caminar por la casa, aturdida. Tenía tanta energía que no sabía qué hacer, jamás había sentido nada igual en toda mi vida. Danny me dijo que respondiese al mensaje de Oleg con cautela. Danny, el hombre que siempre me ayuda a mantener los pies en la tierra firmemente, dijo: «Esperemos y a ver». Seguí sus consejos y respondí lo siguiente:

Querida Olga,

Simcha es el hermano de mi padre y Nachman, su padre. ¿Tú quién eres?

Saludos, Deb

Esperé la respuesta durante más de una semana. Estaba avergonzada por haber respondido tan rápidamente, sin haberme tomado el tiempo de comprobar el nombre con suficiente cuidado para evitar convertir al querido Oleg en una mujer llamada Olga.

Finalmente, me respondió y me dijo que era el nieto de Simcha. Nos correspondimos durante varios días. Comprobé su identidad de todas las formas que se me ocurrieron para asegurarme de que era legítimo y de que esta increíble revelación era auténtica antes de atreverme a contárselo a mi padre.

Fotografías de Simcha y Nina que recibieron en 2007 para establecer la relación entre Hank y Oleg

Intercambiamos unas cuantas fotos. Después, les mandé la foto de Simcha a mi hermana Evy y a mi primo por parte de madre, Bernie. Cuando mi primo abrió el correo, su esposa Roz pasó por su lado y dijo: «¡Oh, que foto más bonita del tío Hank de joven!». Bernie tuvo que explicarle el milagro que estaba sucediendo. Cuando Oleg mandó una foto de sí mismo, todas nuestras dudas quedaron resueltas: era el vivo retrato de mi padre a esa misma edad.

Apenas podía esperar a que mi padre volviese a Estados Unidos, estaba emocionadísima con estos acontecimientos recientes y ansiosa por explicarle lo ocurrido durante su ausencia. Cuando le conté las noticias, inmediatamente organizó una llamada. Ese día, me tocaba hacer de voluntaria como trabajadora de salud mental en crisis después de una tragedia que había resultado en la pérdida de vidas. Me tomó mucha disciplina centrarme mientras esperaba el resultado de la llamada transcontinental. «Deb, tú y Oleg lo habéis conseguido» me dijo mi padre. Para mí, fue gratificante jugar algún papel en devolverle a mi padre la familia de su hermano.

Recientemente, le pregunté a Oleg qué le inspiró a mirar en la página web. Le pregunté si había oído el nombre de mi padre por la radio cuando encendió la vela en Birkenau. Oleg me dijo que no era eso. Él y un compañero suyo habían estado hablando sobre el Holocausto, y Oleg le mencionó que se asumía que la familia de su abuelo había muerto, menos Simcha. Este joven le sugirió que subiese la información de su abuelo en la página: si algún familiar aún estaba vivo, quizás responderían. El destino quiso que, cuando Oleg fue a mirar la página, allí estaba mi largo aporte sin respuesta. Mi número de primos se duplicó, ahora tenía cuatro primos hermanos en vez de dos. Mi padre rápidamente hizo planes para volver a Israel a conocer la esposa y la familia de su hermano.

Mi padre no tenía fotografías de su familia de origen, las pocas que tenía su madre hacía mucho que habían desaparecido. Después de reunirse con la familia de su hermano, descubrimos que tenían una foto de su hermana y varias de su hermano. No necesitaba ninguna foto para recordar a su querida madre, su recuerdo de ella está tan claro como podría estar.

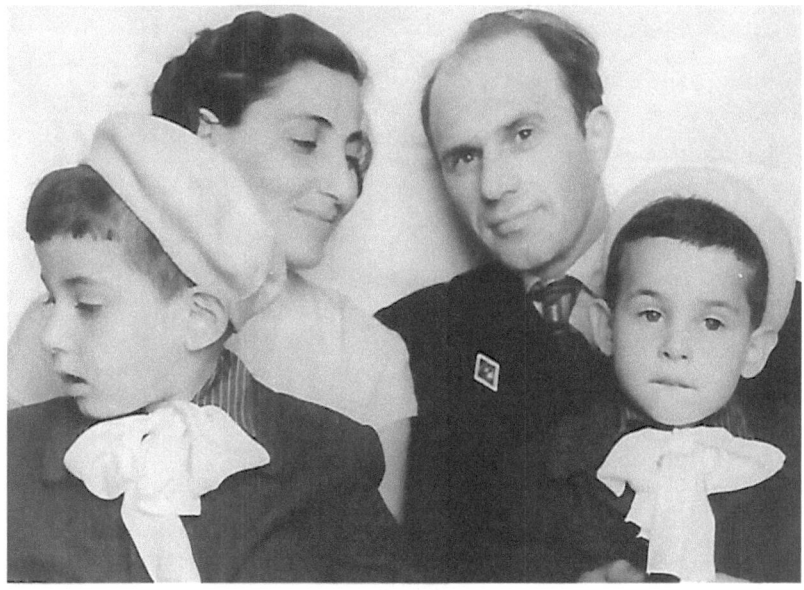

El hermano de Hank, Simcha, y Nina, con sus preciosos gemelos, Alex y Emil

Finalmente, resolvimos la pregunta de por qué Simcha nunca había buscado a mi padre. Después de la guerra, Simcha se recuperó de sus heridas y volvió a Boryslav. Las noticias que le explicaron eran muy desalentadoras. Simcha supo que su hermano pequeño era un luchador de la resistencia a quien habían matado, como a su esposa, madre y hermana. Como en Boryslav ya no quedaba nada para Simcha, se fue de Polonia para nunca volver. Nosotros no pudimos encontrarlo porque los rusos habían cambiado la escritura de su nombre a Symcha Brodt, Simcha Brodt no existía. Tristemente, Simcha murió en 1986, para nunca saber que su hermanito estaba vivo y a salvo, viviendo en Estados Unidos.

Hank cuando conoció a Oleg en 2007. Oleg empezó la correspondencia por correo electrónico que volvió a unir a las familias

LA MARCHA DE LOS VIVOS

Participé anualmente en la Marcha de los Vivos desde el 2006, mi nieto, Wayne, me acompañó dos veces. Wayne tiene un grado en recreación, siempre le ha salido natural trabajar con adolescentes. Era un acompañante del tour, además de mi «colega». Por favor, tened en cuenta que aún soy tan independiente como lo he sido siempre, no necesito ni a Wayne ni a nadie más para que cuiden de mí. Sencillamente, me gustaba tener a mi nieto conmigo.

A día de hoy, me he unido a la Marcha de los Vivos ocho veces. Recuerdo especialmente un viaje, pues me desvié de la rutina habitual de hablar solamente a nuestro grupo. Mientras paseábamos por Auschwitz, un grupo de tres chicas jóvenes le hicieron preguntas a nuestro rabino, que me señaló y les sugirió a las tres jóvenes que hablasen conmigo. El rabino Guttman me animó a que pasara tanto tiempo como fuese posible con estas turistas de Holanda. Este grupo de amigas había decidido hacer una visita a los campos de concentración por libre. Comprometido con la educación del Holocausto, compartí la historia de la Shoá, además del papel que tuvo en mi vida. Les interesó mucho aprender, porque su propio país era una gran parte de la historia de Anna Frank.

La Marcha de los Vivos es una parte integral de una educación judía como toca. Todos los adolescentes que quieran ir deberían poder, incluso si su familia no tiene los medios. Es una experiencia esencial, la recomiendo muchísimo.

Hank y Wayne durante la Marcha de los Vivos en Masada
(2013)

POSDATA: CARTAS PERSONALES Y REFLEXIONES DE SERES QUERIDOS

Aquí se incluyen cartas de las hijas, la nieta, el nieto, los sobrinos y los amigos de Hank Brodt, entre ellos el rabino Guttman.

De Deborah Donnelly, tu hija pequeña

Esta es una historia sobre mi padre, un superviviente del Holocausto. Aunque es la historia de un solo hombre, durante ese período tan oscuro alrededor del mundo, hay muchas personas (quizás incluso la hija de un soldado estadounidense) con sus propias historias que contar. Me resulta incomprensible que la ideología de un hombre, y todo lo que le siguió, pudiese sembrar el caos a lo largo de varios continentes y traer tanta pérdida a tantas familias.

Alrededor de los Estados Unidos de América, muchos jóvenes fueron voluntariamente a luchar para mantener nuestra libertad y evitar que Hitler cumpliera su promesa, o amenaza, de venir a Estados Unidos. Muchos se unieron a las fuerzas armadas con cierta idea de la solución final de Hitler.

La historia de un hombre no se podría contar sin el sacrificio de tantos americanos. La muerte y la desesperación llamaron a muchas puertas durante esa época. No puedo imaginar el sollozo de una madre al saber que su hijo había encontrado su fin en las playas de Normandía, o a una hija pequeña que no volvería a ver a su papi nunca más después de que muriese en un campo de batalla de Europa. Esos corazones vacíos que no pueden consolarse, las heridas de sus almas fueron provocadas por un loco.

Aunque me resulta muy doloroso escuchar la vida de mi padre bajo los nazis, estoy agradecida y más orgullosa de lo que las palabras pueden expresar de que tantos estadounidenses se pusiesen en peligro voluntariamente para derrotar la ideología nazi. Doy mis condolencias más profundas y sinceras a cada familia que perdió a algún miembro en la búsqueda de la libertad. Les doy las gracias a todas las familias que tuvieron a un miembro luchando durante la Segunda Guerra Mundial. Vieron de primera mano los horrores de la guerra. Además de esta exposición, hubo muchos soldados que liberaron los campos de concentración y todavía hoy tienen pesadillas sobre lo que presenciaron. Cambió muchas vidas para siempre.

Su historia familiar y la mía estarán entrelazadas para siempre. A los que liberasteis Ebensee, y a vuestras familias, os doy las gracias desde lo más profundo de mi corazón. Sin los esfuerzos valerosos de esos soldados, yo y muchos otros no estaríamos aquí.

Ahora que este libro llega a su fin, es importante para mí compartir que mi padre es mucho más que un superviviente del Holocausto. Es conocido en su comunidad judía como un superviviente, pero para mi hermana y para mí, es mucho más. Hace muchos años, quedó grabado a fuego que su familia era lo primero, no había mayor regalo que la familia. Mi padre disfrutó del tiempo con sus hijas y la madre de ellas. Cuando mi madre murió prematuramente, mi padre fue el pegamento que mantuvo a la familia unida. A medida que crecíamos, mi padre hacía lo imposible para asegurarse que no nos viésemos privadas de nada. A pesar de las largas horas de trabajo, siempre tenía tiempo de leer para mí. Fue mi padre quien me enseñó a leer un reloj. Muchos años después, fue él quien me enseñó a conducir. No sé qué habría hecho sin sus gritos de «¡Cuidado, ese hombre ha abierto la puerta del coche!» «Madre mía, papá, ¿te refieres al tío que está a cuatro cuadras?».

Mi padre tenía paciencia, no era alguien que no se pensase las cosas.

No tengo que rebuscar mucho para encontrar recuerdos de mi padre que me hagan sonreír. Volvía a casa del trabajo y necesitaba hacer un recado: «Deb, ¿quieres venir?», «Vale» decía yo, y nos poníamos en marcha. No le importaba lo que pensase nadie, íbamos saltando por las calles de Nueva York cantando «skip, skip, skip to my lou». En los fines de semana que nevaba, nos llevaba a mi hermana y a mí en trineo.

Mi madre trabajaba los sábados. Muchas veces, papá, Evy y yo íbamos de paseo. Los sábados que estaba en casa, intentando echarse su siesta del sabbat, ¡ni hablar, papá!, le tirábamos calcetines a la cara hasta que se despertaba y yo le recordaba que mamá no dormía nunca. Los niños no se dan cuenta de que trabajar 18 horas puede agotarte, algunos días. Nunca se molestaba y se rendía ante sus niñas cuando querían que les hiciese caso.

Fue devastador cuando mi madre murió diez días antes de que yo me fuese a la universidad. Me ofrecí a quedarme en una escuela local o incluso tomarme un semestre libre. Mi padre no quiso saber nada de eso. La educación tenía un gran valor en nuestra familia. Le estoy agradecida, me dio el mayor regalo: independencia y la capacidad de mantenerme por mí misma al mantenerme él durante mis estudios. Siempre estaba encantado *de oírme hablar sobre mi educación continuada, y me recordaba que nadie te puede quitar lo que aprendas.*

Después de la muerte de mi madre cuando yo tenía 19 años, mi padre tuvo una labor doble. Tuvo que cuidarme a lo largo de los problemas médicos serios desde que tuve 20 años. Su optimismo sobre la situación me ayudó, siempre me ayudaba a ver los dos lados de todas las opciones.

Este libro es para ti, papá. Es tu historia, una que finalmente has podido contar. Me pediste que escribiese tus experiencias. Sé que fue un momento oscuro, doloroso y traumático. Sé que revivir esos recuerdos te ha quitado el sueño. Pero ahora el trabajo ya está hecho, y lo que me has enseñado, papá, es que, aunque haya nubarrones el sol saldrá finalmente. A pesar de tus experiencias, eres verdaderamente resiliente. Recibiste la vida con los brazos abiertos. El sol ha salido realmente. Tú y mamá tuvisteis vuestra victoria personal sobre Hitler: dos hijas y dos nietos. Tristemente, a Danny y a mí no nos tocaba tener hijos. Compartimos nuestros bebés peludos contigo, que siempre esperan a que te les acerques y les des una galleta o dos en secreto. Danny se unió a mí en la larga búsqueda de familia a lo largo de los años, siempre sacaba tiempo durante la semana conmemorativa de la policía para ir a investigar al Museo del Holocausto. Quién habría dicho que, todos estos años más tarde, con la ayuda de internet, mi sueño se haría realidad. Finalmente encontramos familia. Tenemos mucho por lo que estar agradecidos. Así que, ¡por la vida y la resiliencia! Te doy las gracias por todo lo que has hecho por mí durante toda mi vida.

Te quiere siempre, Deb, tu hija pequeña favorita.

De Evy Lenoff, la hija mayor

«Cualquier hombre puede ser padre, pero se tiene que ser especial para ser papá» (Anne Geddes). Un papá es alguien que te quiere

incondicionalmente, que siempre está allí para apoyarte, aconsejarte y protegerte. Esto resume a mi papá, Hank Brodt. Papá era un hombre laborioso que trabajaba muchas horas, pero se tomaba la responsabilidad de la familia muy seriamente y siempre quería pasarlo bien con nosotros.

Cuando yo era pequeña, mi madre me decía que esperaba que, para cuando papá volviese de hacer horas extra o de un trabajo adicional, yo ya estuviese durmiendo para que ella tuviese paz y tranquilidad. Sabía que, si no dormía, querría volver a cenar y sería la hora de la fiesta. Qué bien lo pasaba con papá, jugando y riendo. Mamá se preocupaba por si le costaba volverme a dormir, pero papá me cantaba algunas de las muchas canciones judías que sabía y me venía el sueño.

Anualmente, nos tomábamos unas vacaciones de dos semanas para ir a Ellenville, Nueva York, y quedarnos en una compañía de bungalós. Fue allí donde aprendí baile tradicional, girando y riendo mientras Papá me daba vueltas. Mamá me explicó otra historia de esas vacaciones: ella me estaba empujando en el columpio y yo me lo estaba pasando pipa cuando vino una mujer y me dijo: «Debes de querer mucho a tu mami si te lo pasas tan bien». Me dijo que yo respondí: «Sí, quiero a mi mami, ¡pero más a mi papi!».

Los sábados, cuando yo era algo mayor, mamá trabajaba como contable en un supermercado. Aquí era cuando mi hermana Deb y yo teníamos a papá para nosotras, y qué bien lo pasábamos. Él intentaba echarse una siesta y lo molestábamos porque queríamos que jugase con nosotras. A veces ganábamos y jugaba y otras veces nos dormíamos con él.

Tradicionalmente, el domingo era un día de familia y dejábamos nuestro piso para ir a visitar los muchos museos de la ciudad, ir al Lower East Side o a alguno de los muchos parques que tiene Nueva York. Nos dejaban comer un pretzel caliente o castañas de los puestos callejeros como regalo. Mi momento preferido del año eran las vacaciones de invierno. Carpintero de oficio, papá trabajaba muy tarde y muy duro antes de Acción de Gracias, ayudando con las hermosas decoraciones en Lord & Taylor. Mamá nos llevaba a ver el esplendor brillante y a comer con papá. Qué orgulloso estaba de nosotros cuando nos presentaba a sus compañeros. Un año, por Janucá, sacó tiempo y me sorprendió con una mesita de noche preciosa hecha a mano.

Aun hoy lo recuerdo como si fuese ayer. Tenía diez años y papá me llevó a ver la nueva película, Mary Poppins. Todavía nos veo saltando por la calle de nuestro vecindario y cantando Chim Chim Cher-ee. Cuando veo la película hoy, se me llenan los ojos de lágrimas por este recuerdo alegre y maravilloso que tengo de papá y yo compartiendo este momento especial.

Cuando fui lo suficientemente mayor para conducir, fue papá, con la paciencia de un santo, que me llevó a practicar y, cuando me lo pude permitir, me compró mi primer coche, un Rambler azul del 1969, UGUxxx. Conducía mi coche «nuevo» y cuando oía un ruido hacía que lo sacase él que, claro está, no escuchaba nada. Finalmente, después de mucha frustración, me dijo: «Sube el volumen de la radio y no lo oirás». Seguí su consejo hasta que alguien en la carretera me avisó: «Señorita, está arrastrando el silenciador». Desde entonces, papá sacó el coche cada vez que yo escuchaba algo.

Cuando me fui a la universidad en mi tercer año, mamá también lo hizo. Papá me llevó en coche hasta la Universidad de Tennessee y yo le supliqué que me dejase quedarme el coche, pero no me dejó porque mamá había dicho que no y no se desobedecía a mamá. Me dijo que siempre apoyaba las decisiones que tomaba ella y que una de las cosas más importantes que podía hacer por sus hijas era querer a su madre, y realmente la quería, la apoyaba y creía en ella. Una vez, mamá y yo hicimos un examen a la vez. A ella le fue mejor que a mí y papá me preguntó por qué. Le dije que yo hacía las mismas labores que ella, como la colada y preparar la comida, pero que también tenía que preocuparme de lo que haría el sábado por la noche. Él se rio y me dijo que lo entendía. Papá era un blandengue. En el 75 cumpleaños de mi abuela y el Día de la Madre, yo quería volver a casa para celebrarlo, pero mamá me dijo que no podía conducir (finalmente conseguí tener el coche en la universidad) y, como he dicho antes, ni te atrevas a desobedecerla. Papá se aseguró de que tuviese un billete de avión para volver a casa para formar parte de las fiestas y realmente sorprendí a mamá que, obviamente, lo primero que preguntó fue: «¿Cómo has venido?». Quería asegurarse de que no la había desobedecido y yo solo le dije que papá me había mandado un billete. Una de las mejores cosas que papá hizo por mí fue creer en mí y asegurarse de que me sacase la carrera sin coste alguno por mi parte. Me gradué sin deber un céntimo. Por esto, estaré eternamente agradecida.

Con un matrimonio de 39 años, mi boda es un recuerdo precioso y aún lo oigo cantarme *Sunrise, Sunset*, de *El violinista en el tejado*, mientras hacíamos el baile padre-hija. Cuando mis hijos, sus nietos, nacieron estaba muy emocionado por formar una parte importante de sus vidas, y venía a Florida tanto como podía para visitarlos. Mi hijo Wayne ha creado un vínculo especial al acompañarlo dos veces a la Marcha de los Vivos y escuchar su historia. Cuando mi hija Kaitlyn se casó, le pedí que recitase las Siete Bendiciones para la ceremonia. Él no estaba seguro de si podría, pero dijo que, cuando una hija te pide algo, haces todo lo que esté en tu mano para llevarlo a cabo. Fue un añadido precioso a la ceremonia y se sintió muy importante por formar parte.

A medida que papá se acerca a su 90 cumpleaños, estoy muy agradecida de que forme una parte importante de mi vida y atesorar cada día mientras reflexiono sobre los muchos recuerdos del día a día y de las ocasiones especiales que hemos pasado juntos.

Gracias por estar siempre aquí y por ayudarme y guiarme a través de la vida y ser mi papá. Eres realmente especial para mí.

Con mucho amor, Evy Lenoff, tu hija mayor favorita.

De Kaitlyn, tu nieta

Tengo unos cuantos recuerdos que me gustaría compartir contigo. Cuando era pequeña venías a visitarme a Florida. Nadábamos y tú me enseñaste a jugar a cartas. Nos lo pasábamos genial. Cuando pasaron los años y me hice mayor, vine a Nueva Jersey a visitarte. Tú me llevaste a cenar y a mi primer espectáculo de Broadway: La Bella y la Bestia. Teníamos unos asientos geniales, justo en el centro y no demasiado lejos. El recuerdo más memorable y reciente que tengo es de cuando te llamé por teléfono para decirte que me casaba. Tú estabas emocionadísimo y no podías esperar a que llegase el gran día. Te pedí que dijeses las Siete Bendiciones para la boda y lo hiciste genial. Siempre se quedará en mi memoria.

¡Te quiero!

Te quiere para siempre jamás,

Tu nieta favorita, Kaitlyn.

De Wayne, tu nieto

Vivir tan lejos de ti durante toda mi vida ha sido un reto. La vida, pero, va de retos, que es lo que me has enseñado Durante los últimos cinco años, he aprendido más de tus experiencias de lo que alguien desearía aprender en toda una vida. Las emociones puras de preparar dos viajes de la Marcha de los Vivos distintos han sido una montaña rusa en sí mismos. Jamás podría haber imaginado como sería ir a los lugares que te cambiaron la vida de tantas formas y que, a su vez, me han cambiado la mía. Escuchar tus experiencias me ha abierto los ojos para disfrutar la vida por lo que tienes, trabajar duro y celebrar la vida.

Quiero darte las gracias por haberme enseñado de dónde vienes y explicarme las tradiciones que celebrabas cuando eras un niño y un adulto. Estas cosas no son solo tuyas, también son de dónde vengo yo. Algunos momentos destacan muy claramente: de más pequeño, venir a Nueva Jersey a un partido de los Giants, los apretones de manos con los cinco dólares arrugados en tu palma cuando se acababan las visitas. Más tarde, por la Marcha de los Vivos, caminar y bailar por las calles de Polonia, bajar del avión en Israel sintiéndonos vigorosos y vivos, aunque estuviésemos agotados, caminar por Israel cuando estaba enfermo, buscando ese licor mágico que me haría sentirme mejor y saber que tenemos toda una familia en Israel con la que ahora compartimos las ocasiones especiales.

Gracias por ser MI abuelo, MI abu, guardo con cariño los recuerdos y las lecciones que ya me has dado, y espero con ansias todos los recuerdos que vendrán.

Te quiero. Wayne

De Bernie Slome, sobrino

Hoy, Hank Brodt es un hombre que comparte sus experiencias como superviviente del Holocausto. Viaja y da charlas donde sea que le pidan y ha ido a la Marcha de los Vivos en numerosas ocasiones. Estoy muy orgulloso de él.

Para mí, pero, es el tío Henek; hombre, soldado, amigo y tío. He tenido el placer de tenerlo en mi vida tanto tiempo como puedo recordar. Era un joven soldado, de veinte años, de permiso alrededor del 1952, que nos visitaba en Brooklyn. En ese entonces jamás pensé en él como superviviente. Después de todo, qué superviviente estaba en el ejército... y como sargento nada menos, y jamás lo escuché hablar con acento.

Era el hombre que guiaba la segunda noche del Séder en su casa, donde nos reuníamos nosotros, la familia. Le encantaba cantar. Hacía que el Dayanu fuese divertido, brillaba cuando lo cantaba, a veces con un solo estribillo y a veces con uno doble. Años más tarde, cuando murió mi padre, el privilegio de guiar el Séder pasó a ser mío. Mi tío estaba ahí para ayudarme y guiar el Dayanu. Aunque ya no viene a nuestros Séders, mis hijos aún hacen el Dayanu como lo hacía el tío Hank: a veces el estribillo va solo y a veces es doble, ocasionalmente, como hacía él, hay un tercero.

El tío Henek (no recuerdo exactamente cuándo se convirtió en el tío Hank) me llevó al Madison Square Garden a ver a Gene Autry. Me llevó al circo y me compró algodón de azúcar y una luz en cordón a la que todos los niños le daban vueltas cuando se apagaban las luces.

Mi primer partido de béisbol, los Yankees contra los Detroit Tigers en 1958 en el estadio de los Yankees, fue con mi tío. Mi primer partido de los Mets, el 1962 en los Polo Grounds contra los Dodgers, fue con mi tío. Cogimos el bus desde su apartamento de Washington Heights y después caminamos durante unas cuantas manzanas.

Jugábamos a béisbol callejero en su colonia de bungalós de Haverstraw, jugábamos a tenis en Shorehaven.

Tantos recuerdos maravillosos. Tanta risa, tanta diversión. Tengo tanta suerte de tener al tío Hank en mi vida. Es una persona muy especial.

De Emily los Brodts de Israel

Recuerdo lo que ocurrió en mayo de 2007. Oleg me llamó y me dio un número de teléfono de Nueva Jersey. Me dijo que había sacado el número de una página web donde los miembros de familias judías podían encontrarse y que este era el número de la señora Deborah Donnelly. Su padre, Herman Brodt, era de Boryslav, la ciudad donde mi padre, Simcha Brodt, había nacido.

Llamé a Deborah inmediatamente. Cuando escuchó quien la llamaba, se puso a llorar. «Esto es un milagro», dijo. Intenté calmarla. Le dije que quizás era solo una confusión. Le pedí que enviase fotos. Y cuando las recibí olvidé mis dudas. ¡Tú, Hank, te pareces tanto a mi padre!

Menos de un mes después de esto viniste a Israel y nos conocimos. Estoy contento de que mi madre pudiese conocer al hermano de su difunto marido, fue un encuentro muy emocionante. Y todos nuestros encuentros posteriores en Israel y EE. UU... todo esto es genial.

Deb tiene razón. Es un milagro que tú, Hank, consiguieses seguir con vida durante en el Holocausto. Un milagro que, después de tanto tiempo, pudiésemos encontrarnos y volver a unir nuestra familia.

Todos nosotros, Alex, Julia, Natasha, Oleg, Maxim, Ben, Yotam y yo; deseamos que continues tan vigoroso como te hemos conocido hasta ahora. Ten salud, por favor, y sé feliz.

De Jason Weingarten, amigo de la familia

Es una cosa hablar de la resiliencia de los supervivientes del Holocausto, es otra cosa muy distinta ser testigo de ella. Como nieto de dos supervivientes del Holocausto, tuve el privilegio de estar cerca de esos que demostraron lo que significa en esencia ser fuerte frente al trauma prolongado; también quiere decir que pensaba constantemente en la interacción de estos dos conceptos: trauma y resiliencia. Como psicólogo clínico, me encuentro con las diferentes trayectorias que surgen de hechos traumáticos y continúo quedando asombrado ante esos que parecen sacar significado, o incluso crecer, de tales experiencias horribles. Así pues, no fue sorprendente que eligiese centrar mis estudios de postgrado en la resiliencia de los supervivientes del Holocausto, sorprendido por su capacidad de perseverar, y además encontraba las formas en que reclamaban su agencia dignas no solo de admiración, sino también de investigación y comprensión más profundas.

Cuando leía los testimonios de los supervivientes del Holocausto para extraer y definir los componentes y las estrategias incrustadas en sus trayectorias resilientes, ciertos temas y construcciones emergieron. Parece ser que los supervivientes del Holocausto resilientes son un ejemplo de las nociones de robustez, determinación y esperanza, reclaman y restauran quienes eran mientras aceptan, se adaptan y crecen de los acontecimientos que cambiaron sus vidas de forma irreparable. Viven con los valores del honor (honrar a los que se han perdido, honrar sus caminos y honrar su identidad judía) y de la responsabilidad («nunca más»), hablando con frecuencia de un futuro mejor que tendrán sus hijos, mientras trabajan sin parar para asegurarlo.

Hank Brodt es una de estas personas. Hank recibe el mundo con los brazos abiertos y con determinación feroz, esperanza innata por un futuro mejor y un fuerte abrazo para los que están al alcance. Desde que sobrevivió el Holocausto, Hank ha vivido con los valores de honor y responsabilidad como luz guía. Le ha dedicado tanto de su tiempo, esfuerzo y alma a advocar por las causas judías y rendir tributo a las experiencias que espera que ninguno de nosotros tengamos que sufrir nunca más. Tuve el honor de pasar muchos Pésaj con Hank, cautivado por su carisma y placer de vivir, con afecto por su calor y su naturaleza cariñosa, y aún asombrado por lo que hizo, lo que hace y lo que seguirá haciendo, y espero poder pasar otro Pésaj con él pronto, porque las personas como Hank Brodt son pocas y contadas.

Del rabino Fred Guttman

Hank Brodt vino a Greensboro hace una década. Recuerdo conocerlo en los servicios de nuestro campus de Greene Street. Me informó de que era un superviviente del Holocausto que había sido el huésped poco grato de cinco campos de concentración nazis.

A medida que pasaba el tiempo, le pregunté a Hank si se plantearía venir con nosotros a la Marcha de los Vivos. Esta odisea anual a los campos de concentración y de muerte de Polonia incluye a más de 10 000 adolescentes de más de 40 países y concluye en Israel.

Al principio, Hank se mostró extremadamente reticente. Realmente no tenía ningún deseo de volver a Polonia y revisitar el horror que no solo había experimentado él, sino que había sido responsable de la muerte de casi toda su familia.

Recuerdo bien la conversación en mi oficina. Le dije que, si decidía venir con nosotros, el viaje no sería sobre él ni sobre resolver su sentimiento de pérdida y luto, sin importar como de difíciles fuesen estos sentimientos. Más bien, su participación en el viaje tendría una misión muy distinta y sagrada, que sería la de educar a nuestros jóvenes sobre la tragedia del Holocausto y sobre cómo había afectado de forma terrible a un judío y a su familia. También le pregunté cuánto más esperaba vivir y cuánto más esperaba estar lo suficientemente sano para contar su historia.

Una semana más tarde, en 2006, Hank accedió a venir al viaje con nosotros. El impacto de la presencia de Hank en el viaje fue inmediato. Contó su historia muchas veces y en muchos sitios. Se hizo amigo de nuestros jóvenes de forma muy especial. Ellos, en esencia, se convirtieron en sus nietos y él se convirtió en un zeyde adicional para ellos. ¡Incluso le pusieron el mote de Hank el Tanque!

He visto a jóvenes escuchar a Hank con una intensidad increíble. Los he visto levantarlo en una silla como a un chico de un bar *mitzvá en una sinagoga de Cracovia. En el orfanato de Varsovia dirigido por Janucz Korchak, he escuchado a Hank cantar* Oyfn Pripetshik, *una canción en memoria del 1 500 000 de niños que murieron. Lo he visto bailar con los chicos en un barco discoteca en el mar de Galilea. He escuchado a Hank cantar el* Veshamru *en un* minyan *de unos 200 hombres en el Kotel. Estuve presente en el Colegio de la Unión Hebrea en Jerusalén en el sabbat de 2007, en el aniversario de la liberación de Hank, cuando lo llamaron para una bendición especial.*

En 2007, en Auschwitz (Birkenau), le dieron a Hank el extraordinario honor de encender una de las seis antorchas conmemorativas en la ceremonia del Día Internacional Conmemorativo del Yom Hashoah (Holocausto). Encendió su antorcha en memoria de los numerosos miembros de su familia que habían sido asesinados por los nazis.

Mientras Hank participaba en la Marcha de los Vivos, su hija Deborah recibía unas noticias bienvenidas que cambiarían el final de la historia de Hank de una forma que jamás habría imaginado.

Podría hablar y hablar sobre mi queridísimo amigo Hank Brodt. Verdaderamente es un individuo único y son numerosas las experiencias especiales que hemos compartido.

Ciertamente, Hank hizo lo que le pedí, y el resultado fue que vino no a una Marcha de los Vivos, sino que, por ahora, ¡a ocho!

En nuestra comunidad, Hank sigue dando conferencias en universidades, institutos, e iglesias sobre la Shoá. En sus palabras, da conferencias en honor a esos que murieron.

Cuando escribo esto, Hank se acerca a su 90 cumpleaños. Se ha convertido en una parte integral de nuestra comunidad judía. Tiene una magnífica voz de barítono y frecuentemente canta en los servicios de sabbat *en el templo Emmanuel.*

Le deseamos muchos más años de salud, felicidad y enseñar a los jóvenes sobre las horribles consecuencias de los prejuicios, la intolerancia, el racismo y el antisemitismo. ¡Gracias, Hank, por todo lo que has hecho para educarnos, a nuestros niños y a la comunidad en general!

AGRADECIMIENTOS

Escribí estas memorias de mi padre como su hija pequeña. En el proceso, he recibido ayuda de varias personas. No puedo agradecerle suficiente a mi marido, Danny, su ayuda con este libro y con todo lo que hago. Tu paciencia y compasión durante este proceso no tienen precio. Cuando me rendí, totalmente apabullada por las fotografías que vimos, tú perseveraste y descubriste una foto de mi padre el día después de su liberación de Ebensee. Por todo lo que haces, no puedo agradecértelo lo suficiente. «Puedo maldecir la oscuridad o encender la luz», tú eres esa luz en toda la oscuridad de mi vida. Te quiero.

Evy, gracias por nuestras conversaciones de carretera que llevaron a la finalización de este libro. Forjamos decisiones y acuerdos de camino al trabajo.

A Howie Schechter, mi mentor, mi amigo, gracias por animarme y revisar mi trabajo. Aprecio tu capacidad de ayudarme a centrarme y definir mi público objetivo. Tu apoyo ha llevado este libro a dar frutos.

Dani, de la Organización de Boryslav, Drohóbych y alrededores, muchas gracias por las fotos y la historia de la región de Galitzia. Mi padre siempre me dice que los «galitzianos» son amabilísimos. Lo he visto por mí misma.

A Nancy Hartman y los colegas del Museo Conmemorativo del Holocausto de Estados Unidos, os doy las gracias por vuestra ayuda para obtener las fotografías para el libro. Nancy, gracias por darme una foto de mi padre cuando tenía 19 años. Por desgracia, esta es la única foto que tenemos de él de cuando era joven.

Al iniciar este proyecto, mi padre me presentó a Chris Cox, que en un principio quería escribir las memorias, pero le dijeron que ya lo estaba haciendo yo. Ahora tengo que agradecerle a Chris que me ofreciese su experiencia haciendo de asesor de escritura en las primeras versiones. No solo disfruté de la pronunciación lenta y espontánea de Chris, pero también de sus ánimos y su amabilidad. Gracias, Chris, por todo tu apoyo.

Wayne y Kaitlyn, gracias por ser los sobrinos más maravillosos que alguien podría tener. Os agradezco vuestro *feedback* y que os ofrecieseis a escribir algo para vuestro abuelo. Gracias, Stuart, por ser mi cuñado, siempre aprecio tu honestidad, que me ha hecho reír mucho.

Bernie y Roz, no se puede elegir la familia, pero sí con quien quieres pasar el tiempo. Gracias por estar allí en los momentos críticos sobre la historia de mi padre. Estuvisteis a mi lado cuando descubrimos que realmente habíamos encontrado a mis primos. Vuestros ojos agudos fueron muy importantes en lograr este milagro. Gracias por participar en este libro y dar a ver que mi padre es mucho más que un superviviente. Gracias por escribirle una carta para incluir aquí.

Mi querida Tori, gracias por darle vida a mi visión para la portada del libro. Eres una fotógrafa con talento y un ser humano maravilloso. Es una bendición tener una hija adoptiva tan genial.

A Oleg, gracias por mirar JewishGen Family Finder.

Gracias a Oleg, Max, Emil, Alex, Natasha, Julia y Guidon por ayudarme a conocer una parte de nuestra historia familiar y ayudarme a recuperar el tiempo perdido. A causa de la edad tan temprana de mi padre cuando su padre murió, teníamos poca información sobre él. Juntos, creo que tenemos una historia familiar tan completa como es posible.

A todos mis amigos y compañeros, gracias por todo lo que habéis hecho por apoyar mis esfuerzos mientras escribía este libro. Muchos de vosotros habéis sido el rayo de sol que necesitaba cuando investigaba esta época tan oscura. Es una bendición tener amigos tan maravillosos.

A mi espíritu afín Liesbeth Heenk, gracias por darnos una oportunidad a mí y a las memorias de mi padre. Me has retado a seguir mientras me subías el listón. Eres una editora genial. Gracias por renovar mi fe.

A mi padre, no puedo decirte suficientes veces lo mal que me sabe todo lo que pasaste de tan joven. Eres realmente el epítome de la resiliencia. Tu optimismo y tu fe en los demás son solo algunas de tus cualidades maravillosas, tengo suerte de tenerte como padre. Ser un superviviente es solo una pequeña parte de quien eres para Evy y para mí: eres nuestro padre, al que acudíamos cuando estábamos asustadas, el que nos enseñó a conducir, el que escuchaba nuestros males y siempre el que nos empujaba a seguir. Estoy contigo al decir nunca olvidar y nunca más.

EPÍLOGO

Desafortunadamente, Hank Brodt falleció el 22 de mayo de 2020

¿Qué se puede decir sobre un ser querido que ha muerto que sea más significativo que el obituario y los panegíricos? Siempre son más dolorosos de lo que se podría imaginar los días, semanas y meses que siguen. Mi padre murió durante la pandemia del covid-19 y su muerte se perdió entre los números, pero no para mí. ¡Para mí, él no es una estadística! ¿Murió de covid, preguntaba la gente? No, es la respuesta, no técnicamente. ¿Qué diferencia hay, de todas formas? La muerte es la muerte. Sin embargo, volviendo al covid-19, no hubo malicia en la muerte de mi padre. Sencillamente, el sistema sanitario alrededor de nuestra gran nación estaba saturado. También se libraba una guerra entre la programación innata de mi padre de sobrevivir y su cuerpo, que estaba en proceso de fallida. Perdió la movilidad en sus últimos días por la hospitalización. Su movilidad era su supervivencia, su independencia. Mi padre siempre decía: «Quiero ser independiente». Se peleó con mi hermana Evy y conmigo sobre venir a vivir cerca de alguna de nosotras. Decía repetidamente que no quería ser una carga y, sobre todo, quería «hacer lo suyo». Evy y yo le dijimos bastante bruscamente que, mientras viviese tan lejos, nos estaba añadiendo estrés a las dos. Lo que nuestro padre nos quitó fueron las acciones de amor por él que son más importantes que las palabras. Mostrarle afecto, cuidado y dignidad en los últimos días eran las decisiones que intentábamos tomar. Queríamos mostrarle el amor de las hijas por su padre.

Cuando vimos que a mi padre le fallaban las fuerzas, mi marido Danny y yo conducimos a Carolina del Norte inmediatamente. Estuvimos allí solo unos días, cuando la residencia ya no permitía visitantes porque la pandemia estaba en auge. Limitaban la entrada de la gente de fuera en sus edificios para evitar la transmisión de infecciones. No servía de nada quedarse en Carolina del Norte, podía seguir mejor los cuidados de mi padre desde el confort de mi propia casa. Así que nos fuimos de vuelta al norte para encontrarnos con todas las paradas del corredor cerradas por la pandemia.

Cuando mi padre cayó enfermo unas semanas después, los hospitales no permitían visitas. A pesar de mis ruegos, tenían una política de no visitantes para limitar la expansión del coronavirus. Cuando mi padre volvió a la residencia tampoco podíamos visitarlo. Cuando entró en cuidados paliativos yo estaba desesperada por verlo, pero ni mi reumatólogo ni mi médico de cabecera me dejaban volar, mucho menos conducir y encontrar algún lugar para pararme. Como mi padre tenía teléfono tanto fijo como móvil, estuve en contacto casi constantemente. Fue capaz de responderme hasta sus últimas 24 horas de vida. Mientras sus cuidadores aguantaban el teléfono en el oído, yo le hablaba y le cantaba. Obviamente, superada por la emoción, también lloraba desconsoladamente. Como respuesta, el me decía en polaco: «Te quiero, no llores, por favor».

Evy finalmente consiguió venir de Florida a la residencia para estar con él mientras nuestro superviviente se rendía ante su propio cuerpo. Mi padre dejó este mundo independiente en todos los sentidos.

Los planes del funeral los hizo él mismo, poco después de que muriese mi madre. Con lo que no contábamos eran todas las órdenes ejecutivas que variaban de un estado al otro durante la pandemia. En Nueva Jersey no se nos permitían las reuniones grandes, incluidos los entierros.

Los funerales tal y como los conocíamos pre-covid no existían. Por lo tanto, el funeral de mi padre fue solo un entierro donde atendimos cinco personas: la familia inmediata y un amigo cercano. No hubo otros ritos, de los que llegamos a depender como parte del duelo.

Empecé el luto muy antes de su muerte y continué hasta mucho después. Si continuaba por mi camino de llorar y sufrir, mis padres habrían estado furiosos, por no mencionar lo decepcionados. «La vida es para los vivos» dirían ambos. «Queremos que vivas y abraces la vida. Después de todo, vosotras dos sois nuestras victorias personales sobre Hitler». Han pasado casi siete meses y aún estoy triste y tengo mis momentos, que me merezco. Cuando queremos a alguien, nos arriesgamos a la gran tristeza que viene con la pérdida.

Aunque mi padre fuese un superviviente del Holocausto, mi marido Danny lo describió mejor como un hombre «siempre preparado». Con las herramientas en mano, aparecía en nuestra casa para ofrecer su ayuda.

Ahora que reflexiono sobre los días más felices, recuerdo como venía a jugar con nuestros perros y darles una chuchería o dos. Cuando se le hizo difícil viajar, llevábamos a los perros, conduciendo casi mil quilómetros para visitarle. Estaba en la gloria, encantado de verlos. No importaba donde fuese de la casa, tenía a su séquito canino con él. Si se echaba una siesta, los enormes perros roncaban justo a su lado. Con una sonrisa en la cara, veo a mi padre y lo oigo decir, con su acento polaco cerrado, «Hola perritos».

Mientras el sol de su vida se ponía, se dio cuenta de la importancia de compartir sus experiencias durante el Holocausto. Muchos supervivientes que eran lo suficientemente mayores para presenciar y entender lo que había pasado empezaban a morir. Él era el único que quedaba de su círculo social de Polonia.

Ahora, la familia de mi padre, e incontables otras, tienen la responsabilidad de seguir y volver a contar su historia, pues él y los otros supervivientes se están convirtiendo en parte de la historia rápidamente.

Antes de su muerte, mi padre dejó su martillo para convertirse en profesor. Su materia era lo que ocurre cuando el odio y los reproches se descontrolan. Este horror no puede morir con él y los demás. Tenemos una responsabilidad, especialmente como segunda y tercera generación. Vosotros, como lectores, habéis estado de acuerdo con compartir esta responsabilidad, a confrontar a los que niegan el Holocausto. Pasó, no os equivoquéis. El odio por desgracia continua en el presente.

Unidos generación con generación, por favor, sed amables y aceptad nuestras diferencias. Honrad la memoria de mi padre y contad su historia y las de otros supervivientes. Hablad de los seis millones de judíos y los millones de otros que murieron por el mero crimen de ser diferentes. Hablad de nuestros héroes estadounidenses, nuestro ejército que murió intentando parar la ideología de un loco. Hablad de como, en los años 40, un país aplaudido por ser la cuna de la cultura intentó exterminar la población judía de Europa.

Mi padre quería ser independiente y eso hizo. Algunos van a asombrarse ante lo que voy a decir. Un día, mi padre me miró y dijo: «Debs, ¿cuánto tiempo se supone que tenemos que cargar con este odio? Creo que es hora de perdonar». Con convicción en la voz, añadió: «Es hora de perdonar, pero no te equivoques, ¡jamás voy a olvidar!».

Cuando penséis en mi padre, espero que sea con una sonrisa en la boca. Era más que un superviviente. Era carpintero y educador. Era mi padre. El hombre en quien podías contar al último minuto. El hombre que era independiente y sabía sobre la resiliencia. Nos pidió muy poco: «No olvidéis jamás».

Para papá

Empezó a avejentar y sabía que al mundo se lo debía contar. Contáis mentiras NUNCA SUCEDIÓ. Nadie puede ser tan malvado.

Se hacía mayor y la verdad de lo que vio estaba enterrada en lo más profundo de su corazón. Tenía que emerger para al mundo contárselo.

Seis millones murieron solo por su fe en Dios y otros millones porque se decía que eran de lo peor.

Muchos vinieron a aguantar y luchar contra la locura y la crueldad. Perdieron la vida defendiendo el significado de la Enseña Nacional.

Empezó a avejentar y sabía que su historia debía contar. No sea cosa que olvidemos que todos estamos en esta tierra perfectos para quien nos quiso crear.

Empezó a avejentar y sabía que lo que había vivido debía contar. Pues llegó hasta su corazón y la historia finalmente explicó.

Crio a sus hijas para que viesen más allá de la apariencia y la etnia. En cambio, les dijo que mirasen en el corazón y el alma.

Se ha puesto el sol y su historia contó. Ahora depende de vosotros liberarla.

- Deborah Donnelly, diciembre de 2020 (epílogo), y junio de 2020 (poema)

Memorial de Kathe Brodt

Memorial de Hank Brodt

FOTOGRAFÍAS

Hank en 1948

Hank, soldado americano orgulloso (1951)

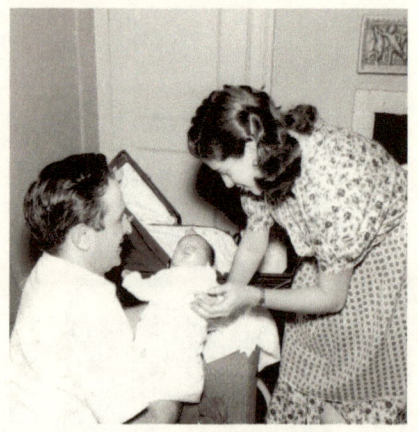

Hank y Kathe, agobiados con su recién nacida, Evy (1954)

La familia Brodt: Deborah, Hank, Evy y Kathe (1961)

Hank y Kathe, bailando en la boda de Evy y Stuart
(agosto de 1976)

Hank y Kathe, sonriendo a pesar de las dificultades
(noviembre de 1977)

Hank, con sus hijas Evy y Deborah, preparándose para salir hacia la boda de Deborah (julio de 1988)

Boda de Deborah y Dan (julio de 1988). De pie, de izquierda a derecha: Bruce Slome (superviviente del Holocausto), Bernie Slome, Hank, Wayne, Deborah, Dan, Evy y Stuart. Sentados, de izquierda a derecha: Ruth Slome, Kaitlyn y Rozzi Slome

Hank, con su amigo de la familia y de su ciudad Abe (superviviente del Holocausto), segundo desde la izquierda, de pie. También aparecen los padres de Rozzi, Norbert y Sophie Kugel (ambos supervivientes del Holocausto)

Hank, con su sobrino Emil y su esposa Julia, en Israel (2007)

Hank, con su nieta Kaitlyn, en su boda (junio de 2012)

Evy, Hank y Deborah, en la boda de Kaitlyn (junio de 2012)

El rabino Fred Guttman y Hank, durante la Marcha de los Vivos de 2014, comparten un momento tranquilo en el cementerio de Varsovia

Hank y Oleg, inmersos en una conversación durante su visita a Israel (2014)

Hank visitando a su familia recién encontrada en Israel (2014)

El 90 cumpleaños de Hank, con Alex, de Israel, y su hija Deborah (diciembre de 2015)

Hank, con sus nietos y las parejas, en la boda de Wayne y Miriam (marzo de 2016)

Hank Brodt y su hija Deborah con sus memorias (enero de 2017)

Hank Brodt dirigiendo el *Hatikvah*, el himno nacional de Israel, en la Filarmónica de Cracovia en abril de 2018 (detrás de él aparece el embajador de Israel en los Estados Unidos, Ron Dermer). Fotografía de Iván Cutler © Cortesía de la Marcha Internacional de los Vivos

Hank Brodt dirigiendo el *Hatikvah*, el himno nacional de Israel, en la Filarmónica de Cracovia en abril de 2018. Fotografía de Iván Cutler © Cortesía de la Marcha Internacional de los Vivos

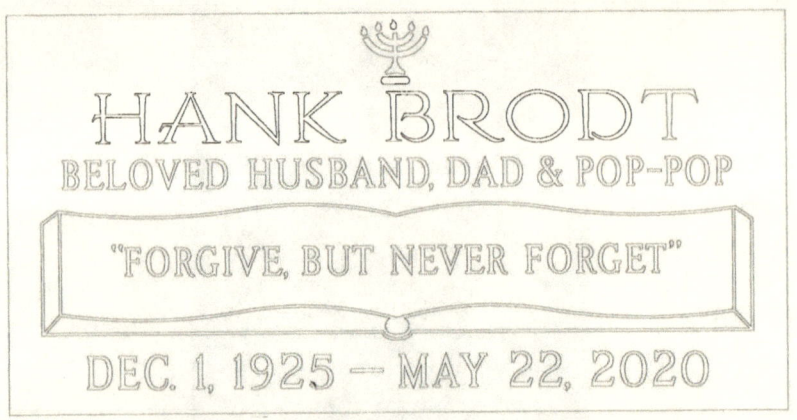

Hank Brodt, desafortunadamente, falleció el 22 de mayo de 2020. Boceto de su lápida, diseñada por Koch Monument, Hackensack, NJ. (Epitafio: «Perdonad, pero no olvidéis jamás».)

SOLOCITUD CORDIAL

Si os ha gustado leer las memorias de mi padre, por favor, dejad una reseña en Amazon o en Goodreads. Unas palabras amables son suficientes. Os lo agradeceríamos mucho.

Por otra parte, si lo habéis leído como un libro electrónico de Kindle, sencillamente podéis puntuarlo.
Es solo un clic indicando cuántas estrellas, sobre cinco, creéis que se merece este libro.
Os llevará solo un segundo.
¡Muchas gracias por adelantado!

Deborah Donnelly

Para preguntas sobre conferencias, pónganse en contacto con la autora: acandleandapromise@gmail.com

Para otras dudas (libros o manuscritos de autor), por favor, pónganse en contacto con la editora, Liesbeth Heenk info@amsterdampublishers.com

MÁS DE AMSTERDAM PUBLISHERS

La serie **Supervivientes del Holocausto** consiste en las siguientes autobiografías:

Memorias de Hank Brodt. Una vela y una promesa,
de Deborah Donnelly

Un adolescente vive en un orfanato judío. Los nazis entran en su ciudad de Polonia en 1939.

¿Cómo conseguirá el chico de 14 años sobrevivir a las salvajadas por sí mismo y mantener su humanidad?

Esta chocante biografía del superviviente del Holocausto Hank Brodt (1925-2020) ofrece un vistazo personal al mundo interior de un chico en el régimen nazi y arroja luz a verdades repugnantes de forma honesta y objetiva.

Hank Brodt vivió uno de los períodos más oscuros de la historia de la humanidad y sobrevivió a la devastación de la Segunda Guerra Mundial. Nacido en una familia pobre de Boryslav (Polonia), lo metieron en un orfanato judío. La infancia de Hank quedó destrozada cuando los nazis entraron brutalmente en Polonia. Durante los años siguientes, libró una batalla diaria para sobrevivir y perdió a toda su familia. Trasladado de los campos de trabajos forzados a los campos de concentración, uno de los cuales aparece en la lista de Schindler, su mundo dentro de las vallas consistía en resistencia callada, lágrimas invisibles y lloros silenciosos.

Cuesta creer que alguien que soportó unos acontecimientos tan horribles podría llegar a vivir una vida de gratitud hasta hoy. Con su compasión inquebrantable hacia los demás, Brodt consiguió mantener su humanidad y encontrar la forma de seguir adelante.

Las memorias del Holocausto de Hank Brodt son un recordatorio necesario de una de las épocas más desagradables de la historia de la civilización humana.

Un grito de protesta: memorias del Holocausto, de Manny Steinberg

www.ingramcontent.com/pod-product-compliance
Lightning Source LLC
LaVergne TN
LVHW041945070526
838199LV00051BA/2905